Ulmer Taschenbuch 51

Sigrid Paul

Schmuck aus Pflanzen

Samen, Früchte, Gräser, Blätter

52 Farbfotos
34 Zeichnungen

E.U.
VERLAG
EUGEN
ULMER

Foto auf Seite 2: Extravagante Ohranhänger, Beschreibung auf Seite 107 und 108.

CIP-Titelaufnahme der Deutschen Bibliothek

Paul, Sigrid:
Schmuck aus Pflanzen : Samen, Früchte, Gräser, Blätter /
Sigrid Paul. –
Stuttgart : Ulmer, 1990
(Ulmer Taschenbuch; 51)
ISBN 3-8001-6236-9

NE: GT

Printed in Germany
Lektorat: Ingeborg Ulmer
Herstellung: Thomas Eisele
Satz: Typobauer Filmsatz GmbH, Ostfildern 3
Repro: Reprotechnik Herzog, Stuttgart
Druck und Bindung: Georg Appl, Wemding.

Vorwort

Es muß nicht immer Schmuck aus Gold und Edelsteinen sein, man braucht sich auch nicht mit billigem Plastikschmuck zu begnügen: Die Natur bietet eine ungeahnte Fülle von Möglichkeiten, wunderschönen und originellen, »echten« Schmuck herzustellen. Früchte, Zapfen, Nüsse, Blätter, Blumen, Samen, Zweige – viele der getrockneten Pflanzen mit den ausgefallensten Formen, Farben und Oberflächenstrukturen eignen sich hervorragend als Schmuckmaterial, wenn man sie nur mit etwas anderen Augen ansieht.

Dabei hat diese Art der Schmuckherstellung durchaus Tradition. Aus schriftlichen Überlieferungen, alten Zeichnungen und Gemälden sowie Ausgrabungsfunden geht hervor, daß lange vor Entdeckung der Edelmetalle neben tierischen auch schon immer pflanzliche Materialien zu Schmuck verarbeitet wurden.

Noch heute wird diese Tradition in vielen Ländern der Erde gepflegt. Je mehr man sich mit der Thematik beschäftigt, desto faszinierender und unerschöpflicher bietet sich uns der Reichtum der Natur an.

Für die Herstellung des Naturschmucks benötigt man keine speziellen Goldschmiedekenntnisse oder besonderen handwerklichen Fähigkeiten. Natürlich braucht man einige Werkzeuge – oft genügen aber schon eine Zange und etwas Klebstoff. Mit einer kleinen 12-Volt-Bohrmaschine besitzt man bereits eine gehobene Ausstattung. Die Naturmaterialien sammeln wir selbst, kaufen sie in Blumen- oder Hobbygeschäften oder bringen sie von Reisen in tropische Länder mit. Das Zubehör kann man in den meisten Fällen fertig kaufen. Und was man dann noch braucht, ist etwas Einfühlungsvermögen und Fingerspitzengefühl.

Wer außerdem Spaß an botanischen, mythologischen und kulturhistorischen Streifzügen hat, kommt hier voll auf seine Kosten.

Viel Vergnügen bei diesem »Alternativ«-Ausflug in die Natur.

Für die wissenschaftliche Beratung, Unterstützung und zahlreiche Hinweise danke ich sehr herzlich: Frau Dr. Annelis Schreiber (a. D.), Botanische Staatssammlung München; Herrn Edwin Rohrer, eidg. dipl. Florist, Solothurn; Rupert Hastings, Royal Botanic Gardens Kew, Surrey; Herrn Edelmar Krautter, Universität Stuttgart-Hohenheim, sowie nicht zuletzt den Mitarbeitern des Verlages Eugen Ulmer. Ebenso bedanke ich mich sehr herzlich für Tips, Kritik und aktive Mitarbeit aus meinem Freundes- und Bekanntenkreis.

Rottbach, im Frühjahr 1990
Sigrid Paul

Inhaltsverzeichnis

Lotosblume mit frischem und getrocknetem Fruchtstand.

Einführung

Urformen der Kunst

»Alle gestaltete Form hat ihr Urbild in der Welt der Pflanzen. Sogar der Tanz, kunstgewordener Menschenleib, findet sein Gleichnis in einer Knospe von rührend kindhafter Geste und einem Ausdruck reinster seelischer Spannung, einem Traumgebilde, herabgestiegen aus dem Reich der Visionen in blumenhafte Bezirke unserer irdischen Welt...« schreibt Karl Blossfeldt in dem wunderschönen Fotoband »Urformen der Kunst« aus dem Jahre 1982 – der Formenbibel für Architekten, Maler, Bildhauer und Designer.

In allen Bereichen der Kunst hat man von jeher auf den unerschöpflichen Formenreichtum der Natur zurückgegriffen, ihn in unzähligen Variationen direkt übernommen oder mehr oder weniger abgewandelt. Schmuckgestaltung ist nur eines von vielen Beispielen hierfür. Die englischen Botaniker Dale Leadbeater Hoy und Paul M. Catling schließen im Jahre 1981 ihre Spezifizierungen von Samenperlen mit den Worten ab: »Gold and Silver are a little dull by comparison« (Gold und Silber sind im Vergleich dazu etwas langweilig).

Wer das Sehen nicht verlernt hat, ist nicht unbedingt auf große Kunstwerke, Gold und Edelsteine angewiesen, er wird auch im Kleinen – und sei es »nur« ein Gänseblümchen – ein Kunstwerk entdecken: Ein Kunstwerk der Natur!

Es bleibt zu hoffen, daß wir nicht eines Tages nur noch auf künstliche Pflanzen angewiesen sind – seien es nun genetisch resistent gezüchtete »echte« oder die seit Jahren immer mehr um sich greifenden Plastik- und Seidenblumen! In dem Science-Fiction Film »Vincent van Gogh« von Sewer Gansowski leidet die ganze Gesellschaft an Depressionen. Eine bekannte Wissenschaftlerin sieht die Ursache dafür in einer Lymphdrüsenkrankheit. Auf einer Reise in die Vergangenheit und von einem Besuch bei Vincent van Gogh soll sie dessen Bilder zu einem günstigen Preis mitbringen. Der Plan mißlingt, denn die Witwe van Goghs will nicht verkaufen. So schlendert die Wissenschaftlerin noch eine Weile auf dem Pariser Wochenmarkt umher und bringt – überglücklich und statt des Bildes – einen Strauß frischer, echter Rosen mit in ihre Zukunfts-»Heimat«.

In diesem Sinne widme ich dieses Buch den Pflanzen: Denen der Vergangenheit, der Gegenwart und hoffentlich der Zukunft – und den Menschen, die sie lieben.

Samenketten, Blütenkränze und Girlanden

Schmuck im Brauchtum der Völker

Aus archäologischen Funden weiß man: Schmuck ist so alt wie die Menschheit selbst – die ältesten ausgegrabenen Schmuckstücke sind etwa 20000 Jahre alt. Eine der schönsten »Nebensachen« der Welt gab es also schon zu einer Zeit, in der es hauptsächlich ums Überleben ging. Man darf daher annehmen, daß es sich bei der Schmuckgestaltung um mehr als eine bloße Nebensache handelt.

Sein Aussehen durch Schmuck zu verändern, hängt sicher mit der Fähigkeit des Menschen zusammen, ein Bewußtsein seiner selbst zu entwickeln und damit sich und seine Umwelt nach ästhetischen Gesichtspunkten zu betrachten.

Schmuck hatte und hat noch heute immer auch eine bestimmte Bedeutung oder soziale Funktion. Viele alte Schmuckbräuche stehen in engem Zusammenhang mit besonderen Ereignissen wie Geburt, Initiation, Eheschließung und Tod. Einige dienen zur Kennzeichnung bestimmter ethnischer Gruppen und Altersklassen, oder einfach nur der Zurschaustellung von Wohlstand und Reichtum.

Materialien tierischer Herkunft wie Knochen, Zähne, Klauen, Schnäbel, Muscheln, Schneckenhäuser, Kolibribälge, Stacheln von Stachelschweinen und Seeigeln, Fischschuppen, Bisonhörner, Wirbelsäulen von Schlangen und vieles mehr sollten den eigenen Wert erhöhen, Kraft und Stärke verleihen, böse Blicke abwehren, heilende oder auch erotische Wirkung haben.

Meist wurden die tierischen Materialien in Verbindung mit pflanzlichen, wie Schilf und Bambus, verarbeitet, oft kamen ausschließlich pflanzliche Materialien zur Verwendung. Aus besonders harten Fruchtschalen, zum Beispiel aus denen der Jacaranda, schnitzten die Campa-Indianer Krötenfiguren, die als Kettenanhänger dienten.

Bei den Waurá, einem brasilianischen Indianerstamm, sind mehrere weitere Beziehungen neben der Ehe durchaus üblich. Während Frauen ihren Gebliebten Speisen anzubieten pflegen, verwöhnen die Männer ihre Geliebten mit kleinen Geschenken, zum Beispiel mit Schmuck aus kleinen bunten Kügelchen, wie getrockneten Früchten, Samen oder Muscheln, sogenannten Miçangas.

Perlen aus Straußeneierschalen werden in Ostafrika bereits seit etwa zehntausend Jahren hergestellt; auch Perlen aus anderen organischen Materialien, wie Muscheln, Wurzeln, Samen usw., die man auf Palmenfasern und Giraffenhaar auffädelte, wurden bis in dieses Jahrhundert hinein produziert, dann allerdings im Zuge der Handelskontakte mit Europa weitgehend durch Edelmetalle und später durch Glasperlen verdrängt.

Viele Schmucksitten, wie die der Melanesier, die bis heute urgesellschaftliche Verhältnisse bewahrt haben, beweisen, wie wichtig Schmuck auch für den sozialen Zusammenhalt der Menschen und die Pflege ihrer gesellschaftlichen Beziehungen war und ist: Die Kula, Bewohner der Inselgruppe südöstlich von Papua, tauschen regelmäßig bestimmte, eigens für diesen Zweck

Seite 10: Afrikanische Halskette aus Glasperlen, Hiobstränen, Früchten der Raphia-Palme und einem mit Bernstein verzierten Pangra-Samen.

hergestellte, lange Halsketten aus den rötlichen Spondylusmuscheln und Armringe aus weißen Muschelschalen untereinander aus. Die Schmuckstücke werden von dem Partner nur einige Wochen oder Monate behalten und danach unter Einhaltung bestimmter Zeremonien an den nächsten weitergereicht, wobei der Geber wieder ein anderes Schmuckstück in Empfang nimmt. So entstehen enge persönliche Beziehungen zwischen Partnern verschiedener Stämme, deren Gebiete oft weit voneinander entfernt liegen. An dieser Zeremonie können auch Fremde teilnehmen, die damit in ihrem Kula-Partner einen Freund finden, der ihnen Schutz und Gastrecht gewährt.

In Indien trugen die Armen traditionsgemäß Perlen aus Samen, Ton, Kupfer und Silber, während sich die Reichen mit Gold und Edelsteinen schmückten. Seit mindestens 1000 nach Christus tragen die Verehrer des Gottes Shiva »Rudraksha«-Perlen aus den braunen, warzenartigen Samen des Perlenbaumes *Elaeocarpus ganitrus*, während Vishnu-Anhänger an den kleinen Holzperlen aus »Tulsi«, dem heiligen Basilienkraut *(Ocimum sanctum)* kenntlich sind.

Farbenfrohe Blütenketten werden noch heute auf jedem indischen Markt verkauft, und bei den Südseeinsulanern dienen die sogenannten »Leis« als Willkommensgruß und Glückwunsch. Mit Kränzen aus tropischen Früchten und Blumen schmücken sich junge Mädchen an Festtagen auf den Gesellschaftsinseln.

Pflanzen sind die Grundlage allen Lebens: Sie waren und sind wichtige Nahrungslieferanten, sie produzieren Rohstoffe für Kleidung und viele notwendige Dinge des täglichen Gebrauchs, und sie finden in der Medizin Verwendung. Holz dient zum Schiffs-, Haus- und Möbelbau sowie zur Papierherstellung. So ist Schmuck aus Samen und Früchten oft ein Nebenprodukt dieser vorrangigen wirtschaftlichen Aktivitäten.

Der wirtschaftlichen Bedeutung entsprechend haben Pflanzen auf der ganzen Welt ihren Platz auch im geistigen Leben, im Kult und im Glauben. Um Bäume, Früchte, Blumen, Samen ranken sich Mythen und Legenden, und sie spielen eine große Rolle im Brauchtum, in Kunst und Literatur.

Mit einer solchen Legende fängt die Menschheitsgeschichte nach christlichem Glauben an: Adam verspeist den von Eva gereichten, berühmt-berüchtigten Apfel – im Volksglauben Symbol für die Verführungskünste der Frau, aber auch für Liebe, Fruchtbarkeit, Jugendkraft und Schönheit.

Zu allen Zeiten trug die Braut beim Hochzeitsfest einen Kranz im Haar: Die hellenische Braut wurde mit einem Kranz aus Rosen und Myrte geschmückt, die Sarazenerbraut mit Orangenblüten. In Frankreich bestand der Brautkranz aus Rosmarin, Hyazinthe, Maßliebchen oder Jelängerjelieber. Und auch in Deutschland wurde bis ins 19. Jahrhundert hinein die Sitte der Bekränzung mit Myrte gepflegt, die ursprünglich von den Juden aus der babylonischen Gefangenschaft mitgebracht worden war.

Noch heute schmücken sich kleine Mädchen im Frühling und Sommer gern mit Kränzen aus Gänseblümchen und Ohrringen aus Kirschen. Im Blumenorakel »Sie liebt mich, sie liebt mich nicht, sie liebt mich ...« zeigt das Gänseblümchen sein sowohl unschuldiges, als auch sexuelles Sinnbild. Kirschen sind Symbol teils für die Unschuld, teils für die Schönheit der Frauen, aber auch für die Begierde.

In Japan ist die Kirsche Zeichen für Makellosigkeit und Bescheidenheit – so werden die Kimonos der Mädchen bei Volksfesten noch immer mit Kirschblüten verziert. Und in ganz Asien gilt der Pfirsich als Symbol der Erlösung.

Kränze und Girlanden der Antike

Assyrer, Perser, Griechen, Römer und Germanen trugen Girlanden aus Blüten, Blättern, Früchten und Knospen. Bei den Griechen spielten Kränze aus Blumen, Blättern oder geflochtenen Zweigen eine wichtige Rolle, nicht nur als Zierde, sondern auch bei Kulthandlungen, Prozessionen oder als Göttergeschenke.

Als erster soll Dionysos einen Efeukranz getragen haben, so daß die Ehre des Kranzes lange Zeit allein den Göttern vorbehalten war. Später wurden auch Priester, Opfertiere und schließlich das Volk bekränzt. Je nach dem Fest, das man feierte, wurden bestimmte Blumen oder Grünpflanzen bevorzugt: Bräute wurden mit Rosen bekränzt, die Aphrodite geweiht waren. Heimkehrende Krieger wurden mit Kränzen aus Ölbaumzweigen und Sieger bei sportlichen Wettkämpfen mit Lorbeerkränzen ausgezeichnet.

Bei öffentlichen Ehrungen trugen die Redner Myrtenkränze. Die Gäste kühlten sich die Stirn mit Kränzen aus frischen Rosenblättern, Lilienblütenblättern, Veilchen oder Hyazinthen, Myrte, Weißdorn und anderen duftenden Laubarten. Auch Nelken, weiße Levkojen, Gladiolen, Wucherblumen, Glockenblumen und goldgelbe Strohblumen wurden vielfach verwendet, ebenso Schlingpflanzen wie die immergrüne Waldrebe mit ihren glockenförmigen, grünlich oder blaß zitronengelben Blüten, Weinrebe, Efeu und Stechwinde. Kräuter mit langer Blütezeit und besonderem Wohlgeruch wie Mädesüß, Bergminze, Salbei und verschiedene Thymianarten wurden ebenfalls zu Kränzen geflochten.

Kinder, die das dritte Lebensjahr erreicht hatten, wurden mit einem Kranz geschmückt, als Dank dafür, daß sie das Babyalter gut überstanden hatten. Und natürlich schmückte man auch die Toten und ihre Gräber mit den kostbarsten Blumengebinden.

Eine berühmte griechische Kranzmacherin war Glycera, deren Kränze so schön waren in ihrer Verbindung von Formen, Farben und Düften, daß sie dem Maler Pausanias als Vorlage für viele Bilder gedient haben.

Einige dieser aus der Antike stammenden Bräuche haben sich bis zum heutigen Tag erhalten – so wird in bestimmten Gegenden Griechenlands der Brautkranz noch immer aus Weißdorn geflochten.

Im alten Rom waren die Blumen weniger den Gottheiten geweiht, sie standen vielmehr in enger Beziehung zum politischen und auch zum Alltags-Leben. Im republikanischen Rom war ein Kranz aus Rosen Auszeichnung für kriegerische Heldentaten. Später trug man Rosenkränze zur Erfrischung beim Essen und beim Tanz. Diese Kränze gab es fertig auf dem Markt zu kaufen – die Rosenblätter wurden dafür schuppenartig zu einem dicken Wulst auf Lindenbast aufgenäht. Schließlich feierte man verschwenderischste Rosenfeste, bei denen Seen, Straßen, Wohnräume und Liegebetten dick mit Rosenblütenblättern bestreut wurden.

Natürlich wurden auch aus anderen Pflanzen Kränze geflochten, zum Beispiel aus Eichenlaub oder der Narde, einem Baldriangewächs aus dem Himalaja. Vielfach wurden die Kränze zusätzlich mit Gold- und Silberfäden sowie Goldblättern und Edelsteinen verziert und damit haltbarer und kostbarer gemacht.

Auch in der christlichen Mythologie spielte die Rose eine hervorragende Rolle: Rote Rosen symbolisieren die Schmerzen, weiße Rosen die Freuden Marias; die goldgelbe Rose ist Sinnbild der Glorie der Hohen Frau. Rosenkränze wurden an kirchlichen Festen zu Ehren der Jungfrau getragen. Zusammen mit Akelei, Lilien, Ritterspornblüten und Maiglöckchen ist die Rose in einer wunderbaren Krone zu sehen, die die Brüder van Eyck ihrer Maria im Genter Altar aufgesetzt haben.

Die größten Blumenliebhaber überhaupt waren wohl die Ägypter. Da die eigene Wildflora nicht sehr ergiebig war und man sich nicht nur mit Lotos und Papyrus aus den Sümpfen begnügen wollte, importierte man bereits damals – unter anderem auch bei Kriegszügen – Pflanzen aus aller Welt und baute sie in großzügigen Villen-, Palast- und Tempelgärten an: Sehr beliebt waren die Orientalische Kornblume, Mohn, Chrysanthemen, die Mandragora oder Alraune, Malven, Rittersporn, die Nilakazie, Winde, Jasmin, Efeu und Christusdorn. Auch der Granatapfel, den wahrscheinlich Thutmosis III. aus Asien mitgebracht hatte, erfreute die Ägypter durch seinen Wohlgeruch und die »12 Monate dauernden« Blüten. Nach wie vor und trotz dieser umfangreichen Importe blieb jedoch der einheimische Lotos die Königin aller Blumen.

Für die lebensfrohen Ägypter, die das Spiel, den Tanz und die Gesellschaft liebten, gab es kein Fest ohne Blumenschmuck: Nicht nur Tische, Wände und Eingänge waren mit kunstvollen Gebinden geschmückt, sondern auch die Menschen selbst. Frauen wie Männer trugen Blumen im Haar, mit Stielen und Blattrippen zu Colliers und Halskragen zusammengesteckt oder als Girlanden über die Arme, um Hals oder Brust.

Auch die Toten wurden mit Blumenkränzen und Girlanden geschmückt, die in den Pharaonengräbern jahrtausendelang erhalten geblieben sind. Besonders eindrucksvoll ist die Schilderung des Archäologen und Botanikers G. Schweinfurth über einen solchen Fund im Jahre 1883: In dem Grabversteck von Der el bahari (Theben) fanden sich Mumien der XVIII. bis XXI.

Dynastie (1550 bis 950 vor Christus), deren Körper über und über mit Blumengewinden bedeckt waren. Die Gewinde mit den verschiedensten Pflanzen, vor allem Dattelpalmen-Blättern, Mohn- und Kornblumen waren sämtlich vollständig erhalten. Speziell bei den Mohnblüten fehlte praktisch kein Staubfaden und kein Staubbeutel und auch die Farbe war noch von einem intensiven Rotbraun.

Erst kürzlich fanden amerikanische Archäologen in einem Grab nahe der ägyptischen Oase Fayoum südwestlich von Kairo eine mehr als 2000 Jahre alte Mumie, wohl die besterhaltene Mumie überhaupt. Bezeichnend für die Berichterstattung ist dabei, daß nur die goldene Maske erwähnt wird, mit der die Mumie geschmückt ist. Mit keinem Wort wird darauf eingegangen, daß sie ganz offensichtlich auch eine Girlande aus Blüten oder Blättern über der Brust trägt. An diesem Beispiel sieht man sehr gut, wie bei heutigen Ausgrabungen üblicherweise vorgegangen wird, welche Prioritäten man setzt bzw. welche Wertschätzung man den Funden entgegenbringt (siehe auch folgende Spalte).

Mehrere solcher Mumienkränze und Girlanden findet man in verschiedenen Museen, zum Beispiel im Museum von Leyden, im Mailänder Naturhistorischen Museum, in den Botanischen Gärten Berlins und Londons und natürlich in ägyptischen Museen (zum Beispiel in Bulaq).

Samen und Fruchtkerne aus der Jungsteinzeit

In Mitteleuropa spielten Samen und Fruchtkerne als Schmuckperlen in Colliers und als Besatz von Textilien schon immer eine große Rolle, speziell im Zusammenhang mit Trachten und Trachtenzubehör. Vor allem die Kerne der Paternostererbse *(Abrus precatorius)*, des Paternosterbaumes *(Melia azedarach)* und der Wassernuß *(Trapa natans)* werden schon lange zu Rosenkränzen verarbeitet und sind auch heute noch im Umlauf.

Daß man bei archäologischen Ausgrabungen nur selten auf derartige »Perlen« stößt, liegt einerseits an ihrer geringeren Haltbarkeit, aber auch daran, daß man ihnen geringeren Wert im Vergleich zu den häufigeren Schmuckstücken aus Bein, Gestein oder Edelmetallen beimißt. Oft steht auch die Suche nach Pflanzenresten, die als Lebensmittel dienten, im Vordergrund. Es hängt also größtenteils vom Ausgrabungszweck sowie der Ausgrabungstechnik ab, was letztlich zutage gefördert und aufbewahrt wird. Man kann daher annehmen, daß man noch viel mehr Pflanzenschmuck finden würde, wenn man speziell nach ihm suchte.

In einem jungsteinzeitlichen Kindergrab (Jungsteinzeit 4. Jahrtausend bis 1800 vor Christus) in der Dölauer Heide bei Halle fand man bei Ausgrabungen im Jahre 1956 Überreste einer Halskette, die aus »Perlen« des Blauen Steinsamens (*Lithospermum purpurocaeruleum* – volkstümlich »Perlenkraut«) gefertigt ist. Die zierlichen Samen sind äußerst spröde und hart, was die jahrtausendelange Erhaltung möglich gemacht hat. Die Bearbeitung dieser harten und winzigen Samen (Größe etwa 3,5 mal 2,5 mm) ist sehr mühevoll, woraus man schließen kann, daß ihnen von den damaligen Menschen eine besondere Bedeutung beigemessen wurde.

Weitere Funde des zu Schmuck oder als Textilbesatz verarbeiteten Blauen Steinsamens sind aus Sondershausen und Murten in der Schweiz bekannt. Außerdem wurden in der Schweiz mehrere durchlochte Perlen aus Eibensamen und Schlehenkernen gefunden. Es ist sicher kein Zufall, daß für den Perlenschmuck gerade diese symbolträchtigen Pflanzenarten verwendet wurden: So muß die giftige und halluzinogene Wirkung der Eibe bereits in der Steinzeit bekannt gewesen sein; antike Götterbilder waren aus Eibenholz geschnitzt und im germanischen Norden galt die Eibe als Totenbaum. Daneben spielte der Schlehdorn im Volksglauben Mittel- und Nordeuropas eine Rolle, insofern als beiden Gehölzen eine Geister und Krankheit abwehrende Kraft zugeschrieben wurde.

Die vergessene Tradition

Die lange Tradition, aus Naturmaterialien Schmuck herzustellen, ist – vor allem in Europa – weitgehend in Vergessenheit geraten. Hierfür gibt es verschiedene Gründe: Schon relativ früh mit der Entdeckung der Edelmetalle, später mit der industriellen Herstellung von Glas und Plastikperlen treten die Naturmaterialien immer mehr in den Hintergrund. Sicherlich ist Schmuck aus Edelmetallen grundsätzlich haltbarer als aus Samen oder Früchten. So dient der »echte« Schmuck nach wie vor als Geldanlage, gilt als äußeres Zeichen von Wohlstand und ist ein Wert, der sich von Generation zu Generation weitergeben läßt.

Sicher spielt aber auch die jeweilige Einstellung zur Natur eine Rolle: Wo nur das Machbare zählt – Gold, Silber oder Plastik kann man völlig nach eigenen Wünschen formen, sie sich »unterwerfen« – hat die unberechenbare und eigenwillige Natur nichts zu suchen. Natürliche Materialien lassen sich aufgrund der individuellen Unterschiede nur in Grenzen bearbeiten und verändern und man muß sich immer wieder neu auf die Gegebenheiten einstellen. Nachgeahmt hat man allerdings Pflanzenformen schon immer.

Auf der anderen Seite ist es im Zeitalter der Massenproduktion und relativen Reichtums nicht mehr unbedingt nötig oder angebracht, seine soziale Stellung mit »echtem« Schmuck zur Schau zu tragen. Schmuck aus einfachen Materialien ist vielfach eine alltägliche Ergänzung zur Kleidung geworden. Immaterielle Werte gewinnen an Bedeutung, und Schmuck bezeugt heute oft eine deutliche Aussage zur eigenen Identität und zu besonderen Interessen: Mit einem Schmuckstück aus Papier könnte man beispielsweise durchaus seine Betroffenheit über die zunehmende Knappheit des Rohstoffes Holz zum Ausdruck bringen. Daneben liegt der Wert des Schmuckes heute nicht mehr so sehr im Material, als im

Halsketten aus Apfel- und Pfirsichkernen, eine mühevolle Handarbeit, die heute kaum noch geschätzt wird.

Seite 18: Ohranhänger aus Jacaranda, Lotos, Xylia, Piniensamen, Hiobsträne und Rizinussamen. Beschreibung Seite 57–58.

Design und in der Verbindung, die er mit dem Körper eingeht. Sogar die Goldschmiedekunst hat sich teilweise von traditionellen Vorstellungen freigemacht und zu Materialien wie Papier, Wellpappe, Blech, Stoff oder Naturmaterialien wie Ästen, Lianen usw. gegriffen (siehe Abb. Seite 117).

Material, Werkzeug und Zubehör

Formen der Natur – einheimische und exotische Pflanzen

Exotische Pflanzen bieten eine ungeheuere Vielfalt an unterschiedlichsten Formen, Farben und Oberflächenstrukturen und sind meist auch wesentlich haltbarer als unsere einheimischen Naturprodukte.

Natürlich findet man auch in unseren Breitengraden viele schöne Materialien. Spaziergänge in der Natur lohnen sich immer – Dinge, woran die meisten Menschen achtlos vorbeilaufen, können wir als Schmuckmaterial sammeln: Rinden- und Holzstückchen, Äste und Astgabeln, die verschiedensten Zapfen, Eicheln, Bucheckern, Kastanien, Nüsse usw.

Daneben kann man einige Pflanzen im Garten anbauen, wie *Nigella damascena* (Jungfer im Grünen), die Japanische Lampionpflanze, *Physalis alkekengi*, mit den leuchtend roten »Lampions«, deren Fruchtstände allerdings sehr zerbrechlich sind; Wollgras oder die relativ stabilen Sternkugeln von *Allium* und Strohblumen. Sogar aus dem Gemüsegarten können wir uns Schmuckmaterial besorgen: Vor allem Feuerbohnen, aber auch Knoblauchknollen geben einiges her, sieht man sie sich einmal genauer an (siehe Seite 54 und 65).

Aus vielen einheimischen Pflanzen kann man sehr schöne Schmuckstücke wie Broschen oder Ohrclips anfertigen. Mit getrockneten bzw. gepreßten Pflanzen eröffnen sich auf diesem Gebiet tatsächlich unbegrenzte weitere Möglichkeiten, Pflanzen als Schmuck zur Geltung zu bringen (siehe Seite 102).

Um exotische Pflanzen selbst zu ziehen, bräuchte man ein Gewächshaus mit tropischem Klima, was – zumindest für unsere Zwecke – sicherlich zu aufwendig ist. Man wird daher exotische Pflanzen besser kaufen, was heute auch gar keine besonderen Schwierigkeiten mehr macht: Aufgrund weltweiter Importe haben wir Zugang zu einer unübersehbaren Fülle an Materialien, die man auf Märkten (zum Beispiel auf dem Münchner Viktualienmarkt), in Blumengroßmärkten, Hobbyläden und Kaufhäusern bekommen kann.

Zur Zeit ist es allerdings so, daß dieses Material hauptsächlich für Floristen und Dekorateure importiert wird und manches der Mode unterworfen ist und plötzlich nicht mehr gefragt ist. Das heißt, man sollte schnell zugreifen, wenn einem ein ausgefallenes Material gefällt, da man es später womöglich nicht mehr bekommt.

Der Handel mit exotischen Trockenmaterialien floriert aber im allgemeinen so gut, daß man immer genügend Auswahl haben wird. Allerdings halten die Botaniker mit der Benennung der vielen verschiedenen Pflanzen gar nicht mehr Schritt. Das ist auch der Grund, weshalb viele Materialien unter – teilweise verschiedenen – Phantasienamen verkauft werden und sich die Herkunft nicht immer eindeutig klären läßt. Im Text sind daher die Pflanzen unter den gängigen Handelsnamen aufgeführt und – soweit möglich – sind die botanischen Bezeichnungen in Klammern angegeben (vielfach auch die englischen Bezeichnungen, die in den jeweiligen Heimatländern meist üblicher sind als die botanischen).

Vor allem bei exotischen, unbekannten Pflanzen ist immer eine gewisse Vorsicht geboten: Es gibt eine große Anzahl giftiger Pflanzen oder Pflanzenteile. Dieses Problem besteht allerdings auch bei vielen unserer einheimischen Garten- und Zimmerpflanzen, was meist nicht so bekannt ist. Wollte man sämtliche Giftpflanzen verbannen, so wäre kein Ende abzusehen: Im Garten Stechpalme, Pfaffenhütchen, Seidelbast, Nachtschatten, Schneeball, Efeu und Liguster, Bohnen und Kartoffeln, im Zimmer der Weihnachtsstern, aber auch Muskatnüsse sind giftig und viele, viele andere Pflanzen. Im übrigen ist schon seit langem bekannt, daß Gift- bzw. Heilwirkung einer Pflanze nur eine Frage der entsprechenden Dosierung ist. Grundsätzlich sind also die hier beschriebenen Pflanzen nicht zum Verzehr geeignet, eigentlich sind sie ja auch nicht dafür vorgesehen. Gefährlich kann es also höchstens werden, wenn Kleinkinder zum Beispiel die farbenfrohen Samen der Paternostererbse, *Abrus precatorius* oder des *Ricinus* mit Bonbons verwechseln.

Auswahl und Verarbeitung der Naturmaterialien

Erstaunlich haltbar und stabil sind viele der pflanzlichen Produkte, vor allem die verholzten Arten. Aber auch Blätter und Gräser können in ihrer Leichtigkeit und Zartheit sehr reizvoll sein, wenn sie auch nicht unbedingt für die Ewigkeit geschaffen sind. Natürliche Materialien besitzen von ihrer Farbe, Form und Oberflächenbeschaffenheit her soviel Eigenreiz, daß man meist gar nicht mehr viel zu verändern braucht – im Gegenteil, eine bombastische Aufmachung würde nur stören.

Auch in den Ursprungsländern der exotischen Pflanzen ist der Schmuck in seiner Aufmachung meist recht einfach gehalten. Halsketten bestehen bei »billigen« Materialien meist aus einfachen Aufreihungen, Kettenanhänger sind vielleicht mit etwas Messing verziert. Sehr stabile Materialien, wie der Mucuna-Same (siehe Seite 96) werden auch mit echtem Gold verarbeitet. Allerdings entsprechen all diese Aufmachungen meist nicht ganz dem europäischen Geschmack, so daß ich persönlich nichts davon halte, diese Schmuckstücke einfach nachzuarbeiten.

Welches Material man schließlich auswählt und wie man es verarbeitet, hängt natürlich von den jeweiligen Vorlieben bzw. vom Typ der Trägerin ab. Am besten sieht man sich die Wirkung des Stückes vor der Verarbeitung im Spiegel an und kombiniert die einzelnen Teile erst einmal lose auf dem Tisch. Ein guter – von Kunstmalern stammender – Kniff, um die Wirkung eines Bildes oder in unserem Fall eines Schmuckstückes besser beurteilen zu können, ist, die Augen etwas zuzukneifen: So sieht man nur noch das Wesentliche, alle unwichtigen Details fallen aus dem »Bild«.

Im Bereich der Natur und der Schmuckgestaltung sind der Phantasie keine Grenzen gesetzt: Alles ist individuell, immer wieder findet man neue Formen und Gestaltungsmöglichkeiten (ich habe zum Beispiel immer Schwierigkeiten, Aufträge auszuführen, weil ich während der Arbeit regelmäßig von neuen Ideen »heimgesucht« werde).

Natürlich ist es wichtig, auf die individuellen Eigenschaften der Materialien einzugehen – sicher wäre es fehl am Platz, Blätter oder Gräser mit aufwendigen Metallteilen zu verzieren, die die Pflanzen nur erschlagen würden. Andererseits vertragen größere und stabilere Arten durchaus eine etwas pompösere Aufmachung.

Fragwürdig kann auch eine Kombination mit anderen Naturmaterialien sein, wie Muscheln, Steine oder Federn, da diese eine starke Konkurrenz darstellen (was natürlich auch nicht immer zutreffen muß).

Sicher gibt es noch viele andere Verarbeitungsmöglichkeiten als die hier vorgestellten – wer das »Spielen« nicht verlernt hat, wird Tausende von Variationen entdecken – und wird andere Variationen verwirklichen, dieselben Materialien anders auffassen und gestalten. Bestimmte Form-, Farb- und Kontrastprinzipien gelten natürlich immer, aber manchmal ist auch das Durchbrechen traditioneller Regeln interessant.

Nötiges und hilfreiches Werkzeug

Natürliche Materialien lassen sich überwiegend ohne großen technischen Aufwand verarbeiten – wir brauchen uns also mit den traditionellen Goldschmiedetechniken wie Hartlöten, Schneiden, Glühen usw. nicht weiter zu befassen.

Das Pflanzenmaterial kann man in den meisten Fällen allerdings nicht »wie gewachsen« verwenden: Oft muß es zumindest gesäubert, teilweise poliert oder lackiert, manchmal geschliffen, gebohrt oder gesägt werden. Hierfür benötigt man natürlich einige Werkzeuge.

Die nötige Grundausstattung

Scharfes Messer: Tapezier- oder Grafikermesser.

Scheren: Blumenschere, Kombischere für Bänder, Kordeln, Leder usw., aber auch zum Drahtschneiden bis etwa 2 mm Dicke.

Nähnadeln für verschiedene Zwecke, zum Beispiel um Löcher in sehr weiche Materialien zu stechen, um Fäden und Bänder durchzuziehen; um beim Kleben Bänder in Hohlräume zu drücken oder nachzuschieben.

Nagelbohrer (normalerweise zum Vorbohren von Holzschrauben) für größere Löcher in weiche bis mittelharte Materialien.

Schleifpapier in verschiedenen Körnungen.

Ösen-, Rund- oder Schmuckbiegezange zum Biegen von Ösen bzw. Drahtenden; möglichst mit Schneide zum Abschneiden des Drahtes. Die Spitzen sollten dünn und glatt abgedreht sein und die Zange sollte auf der ganzen Länge gleichmäßig schließen.

Spitzzange mit flachen und glatten Innenbacken für sonstige Biegearbeiten (keine Elektronikerzange).

Ösenzange und Spitzzange werden für verschiedene Biegearbeiten benötigt.

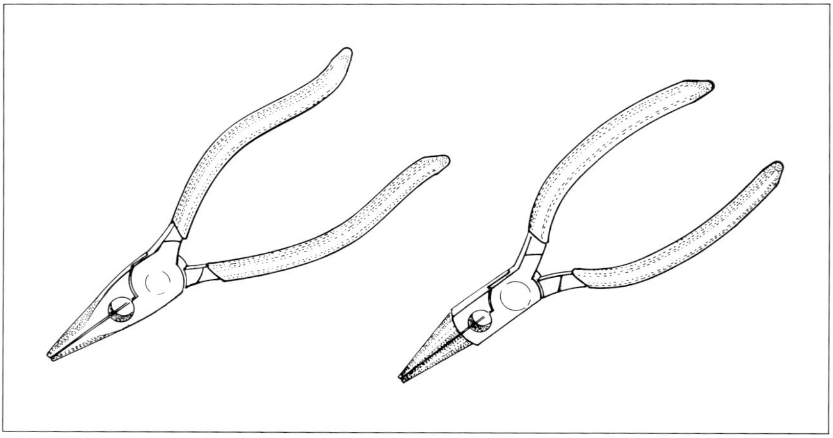

Weitere nützliche Werkzeuge

Nicht unbedingt nötig, aber hilfreich sind die folgenden Werkzeuge:

Pinzette(n) zum Halten bzw. Greifen von Kleinteilen.

Seitenschneider zum Schneiden dikkeren Drahtes.

Geriffelte Zange – mit Textiltesa abgeklebt – zum Halten kleiner Materialien beim Bohren und zum Drahtziehen.

Laubsäge zum Sägen von verholztem Material und Metallen, wofür es jeweils spezielle Sägeblätter in verschiedenen Stärken gibt.

Schraubstöcke: Kleine Schraubstöcke aus Plastik für etwa fünf Mark genügen meist, um Schmuckstücke beim Bohren oder nach dem Kleben zu halten. Ein Metallschraubstock empfiehlt sich vor allem, um Draht durchzuziehen (zum Glätten und gleichzeitig Härten). Die Backen der Schraubstöcke sollten zumindest mit Textiltesaband (beim Halten und Kleben), besser noch mit einem Silberputztuch abgeklebt sein, denn dann wird Silber- oder Messingdraht beim Glätten bzw. Härten gleichzeitig geputzt.

Metallfeilen zum Abkanten von Metallen und runde Feilen, um zum Beispiel Metallhülsen auch innen feilen zu können. Sie sind nicht nötig, wenn eine Bohrmaschine mit Schleifaufsatz vorhanden ist.

Eine Schieblehre ist nützlich zum Abmessen der Drahtdicke.

Klebstoffe

Für die Schmuckverarbeitung gibt es mehrere geeignete Klebstoffe, die alle ihre Vor- und Nachteile haben.

Zwei-Komponenten-Kleber müssen aus den beiden Teilen Harz und Härter jeweils neu gemischt werden (zum Beispiel mit einem Zahnstocher auf einem Stückchen Karton). Das ist zwar etwas aufwendig, hat aber den Vorteil, daß die Verklebung noch etwa zwei bis fünf Minuten lang korrigiert werden kann und herausquellende Klebereste entfernt werden können. Weiterarbeiten kann man nach etwa 20 Minuten, endgültig ausgehärtet ist der Kleber nach etwa 12 Stunden.

Zwei-Komponenten-Kleber gibt es in Tuben (eine Tube Harz, eine Tube Härter) oder in der Zwillingsspritze, in der Harz und Härter (in zwei getrennten »Spritzen«) vereint sind und zusammen ausgedrückt werden. Die Zwillingsspritze hat zwar den Vorteil, relativ sparsam zu sein, aber auch den Nachteil, daß Harz und Härter leicht an der Spritze herunterlaufen, weshalb man am besten gleich zu Anfang einen Lappen herumwickelt; außerdem werden die beiden Düsen mit einer gemeinsamen Kappe verschlossen, die immer seitenrichtig aufgesetzt werden muß – man darf also niemals die Härterseite auf die Harzseite stecken. Es ist daher zu empfehlen, die zusammengehörende Kappe und Düse von vorneherein mit einem dicken schwarzen Filzstift zu markieren.
Der Zwei-Komponenten-Kleber darf nicht zu kalt sein, sonst ist er zu zähflüssig und läßt sich nicht gut mischen und verarbeiten.

Sekundenkleber braucht nicht gemischt zu werden und härtet schneller aus. Er hat dadurch den Nachteil, daß nur noch kurze Zeit korrigiert werden kann, andererseits den Vorteil, daß man schneller weiterarbeiten kann. Außerdem muß man äußerst präzise arbeiten, da jeglicher Kontakt mit der Haut und vor allem mit den Augen vermieden werden muß.

Sekundenkleber ist zwar relativ teuer, dafür aber äußerst sparsam. Er wird allerdings sehr schnell alt und damit unbrauchbar; deshalb wird er nur in »Mini«-Tuben verkauft. Inzwischen gibt es außerdem mehrere Varianten des Sekundenklebers, zum Beispiel Sekundenkleber-Gel, das durch seine Tropffreiheit auch nicht mehr ganz so gefährlich ist.

Auch Kontaktkleber braucht nicht gemischt zu werden, man muß aber beide zu klebenden Teile bestreichen und etwa zehn Minuten »ablüften« lassen – erst dann werden die Teile aufeinandergelegt und fest zusammengepreßt. Dies ist natürlich nur bei stabilen Materialien möglich, die durch das Zusammenpressen nicht zerdrückt werden können. Danach lassen sich die Teile ebenfalls nicht mehr korrigieren.

Die Belastbarkeit all dieser Klebstoffe ist etwa gleich groß, aufgrund der besseren Korrigierbarkeit ist der Zwei-Komponenten-Kleber aber den anderen beiden vorzuziehen.

In allen Fällen müssen die zu klebenden Teile staub- und fettfrei sein. Fett muß gegebenenfalls mit Spiritus oder Aceton entfernt werden. Glatte Materialien, speziell Metall, sollten mit Schleifpapier oder dem Schleifaufsatz des Elektrobohrers angerauht werden, um die Festigkeit der Klebeverbindung zu erhöhen.

In jedem Fall sind die entsprechenden Warnhinweise der Hersteller zu beachten.

Eine Kleinbohrmaschine mit Netzgerät ist nützlich beim Bohren von härterem Material.

Die Bohrmaschine

Zum Bearbeiten härterer Materialien empfiehlt sich eine kleine 12-Volt-Bohrmaschine mit Trafo (Netzteil) und verschiedenen Zubehörteilen, wie Fräs- und Schleifköpfe, Poliervorsätze und Minikreissägen (Trennscheiben). Die Bohrer mit Spannzangen sind zwar billiger, aber umständlicher in der Handhabung als die teureren mit Bohrfutter. Das heißt, bei jedem Bohrerwechsel muß im ersten Fall auch die Spannzange gewechselt werden, während man das Bohrfutter durch eine kleine Drehung für jeden beliebigen Aufsatz einstellen kann. Den Trafo, der teurer als die Bohrmaschine selbst ist (Trafo etwa 80 Mark, Bohrmaschine etwa 50 Mark), kann man sich eventuell sparen, indem man die Bohrmaschine an einer Autobatterie anschließt, allerdings kann man dann die Drehzahl nicht regulieren.

Mit dem Trafo läßt sich die Drehzahl stufenlos regulieren. Grundsätzlich gilt: Weiche Materialien und große Bohrerdurchmesser erfordern niedrige, harte Materialien und kleine Bohrerdurchmesser hohe Drehzahlen. Wenn

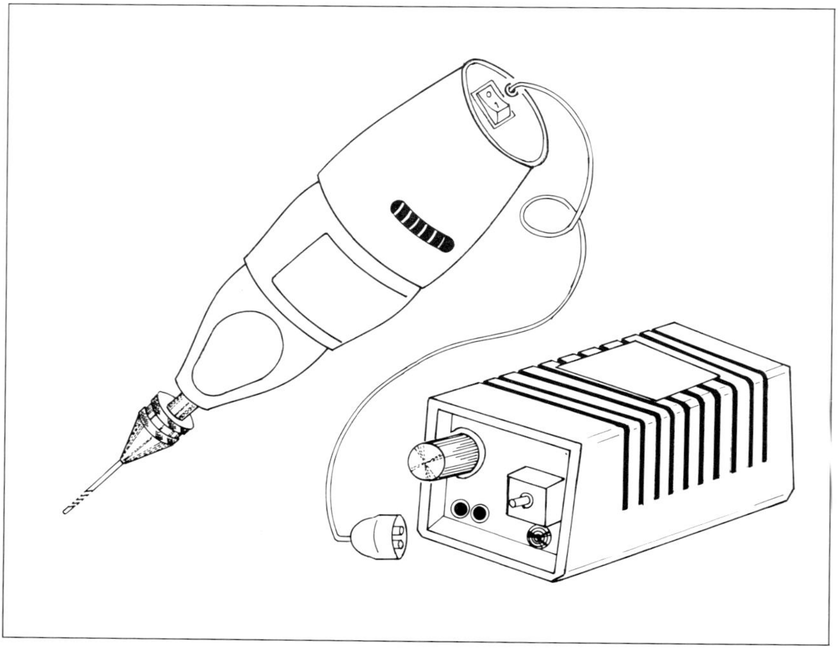

die Bohrmaschine bis zu 18000 Umdrehungen pro Minute leistet, wird zum Beispiel weicheres Holz mit einem 1 mm-Bohrer bei ca. 6000 Umdrehungen pro Minute und mit einem 3,5 mm-Bohrer bei etwa 2000 Umdrehungen pro Minute gebohrt. Messing wird dagegen bei 17000 Umdrehungen mit dem feinen und bei 6000 Umdrehungen pro Minute mit dem stärkeren Bohrer gebohrt. Da die Drehzahlen auf dem Trafo nicht im einzelnen angegeben sind, ist die Einstellung aber immer Gefühlssache; grundsätzlich sollte man aber möglichst nie mit der höchsten Drehzahl bohren. Bei hohen Drehzahlen und längerer Bohrtätigkeit läßt man den Bohrer öfter auskühlen und beträufelt Metalle mit Wasser, Nähmaschinen- oder Schneidöl. Außerdem muß das Bohrfutter ab und zu mit einem Pinsel von Staub befreit und mit Graphitpuder (Werkzeuggeschäft) geschmiert werden (vor allem, wenn die Bohrer plötzlich einen »Drall« haben).

Überhaupt »streikt« die Bohrmaschine öfter einmal: Ist es nur eine normale Überbeanspruchung, so schaltet der Trafo automatisch ab, er läuft aber wieder, wenn man nach einer Weile auf den roten Knopf drückt. Manchmal sind die Kabel im Inneren der Bohrmaschine abgerissen, die sich aber leicht wieder anlöten lassen.

Für alle Arbeiten mit der Bohrmaschine sollte man zumindest einen Schraubstock haben, in den das Werkstück eingespannt wird. Ein Bohrständer ist bei der Bearbeitung sehr harter Materialien zu empfehlen. Der Ständer muß auf der Tischplatte festgeschraubt werden, was natürlich eine Platzfrage ist. Im Bohren Geübtere können weiche Materialien aber auch gut aus der Hand und ohne Schraubstock bohren, wobei natürlich immer entsprechende Vorsicht geboten ist.

Eine Schutzbrille ist beim Schleifen oder Sägen vieler brüchiger und verholzter Materialien erforderlich.

Aufsätze für die Bohrmaschine

Die wichtigsten Aufsätze sind auf Seite 26 zusammengestellt.

Spiralbohrer – Werkzeugspiralbohrer oder solche aus Hochleistungsstahl, »HSS« – gibt es in jedem Baumarkt von etwa 1 bis 3,5 mm Durchmesser (3,5 mm ist die größte Stärke, die das Bohrfutter fassen kann). Kleinere Durchmesser oder Bohrer mit Überlänge bekommt man meist nur in speziellen Werkzeuggeschäften.

Für holzige Materialien kann man zwar ebenfalls die obengenannten Spiralbohrer verwenden, man muß dann aber meist mit dem Spitzfräser vorbohren. Das kann man sich mit speziellen Holzbohrern, die schon eine entsprechende Spitze besitzen, sparen. Allerdings gibt es Holzbohrer erst ab 3 mm Durchmesser und ohne Halbmillimeter-Zwischenstufen.

Fräsen

Eine Spitzfräse ist immer dann angebracht, wenn man Löcher vorbohren muß, weil man mit dem HSS-Bohrer zunächst abrutscht (zum Beispiel bei sehr glatten Materialien).

Kugelfräsen gibt es in allen möglichen Größen – mit ihnen kann man

Bohrständer mit verschiedenen Aufsätzen. Von oben nach unten: Spiralbohrer, Kugelfräse, Spitzfräse, zu gespitzter Schleifaufsatz, 2 flache runde Schleifaufsätze, Polieraufsätze aus Filz und mehreren Lagen Nessel (»Schwabbelscheibe«), Minikreissäge.

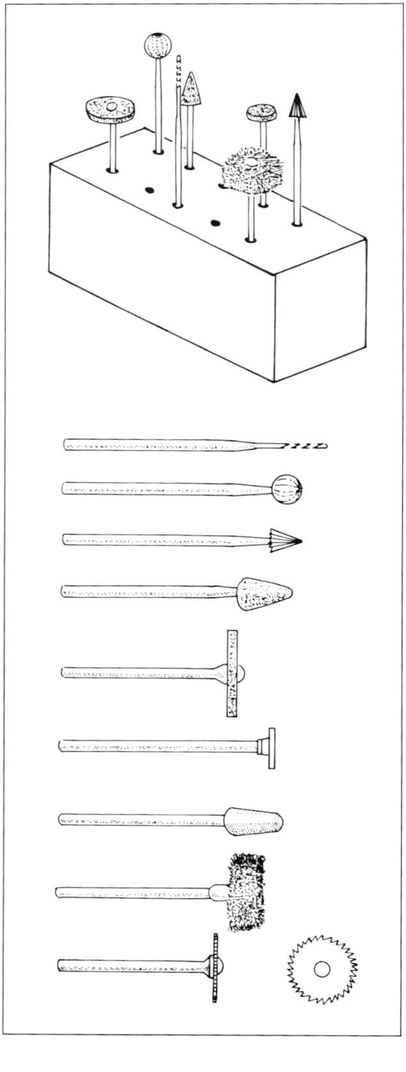

runde Vertiefungen oder Löcher bohren, in die zum Beispiel Perlen eingesetzt werden. Vorsicht: Abrutschgefahr! Am besten stützt man die Hand, die die Fräse hält, gut ab.

Daneben gibt es noch viele andere Formen von Fräsen, die aber mehr für Goldschmiede von Interesse sind, was natürlich nicht ausschließt, daß auch wir sie in bestimmten Fällen benutzen können.

Schleifaufsätze

Mit Schleifstiften aus Korund (grau) zum Grobschleifen und Karborund (rosa) zum Feinschleifen kann man sowohl Holz als auch Metall schleifen. Es gibt sie in verschiedenen Formen, meist kommt man aber gut mit der leicht zugespitzten Form aus.

Polieraufsätze

Auch hier genügt normalerweise der zugespitzte Polieraufsatz aus weißem Filz. Vorsicht: der Filz aber auch alle anderen Schleif- und Polieraufsätze werden bei längerem Polieren sehr heiß.

Eine elektrisch betriebene Poliertrommel kommt nur für sehr harte Materialien mit unempfindlicher Oberfläche in Frage, wie den Pangra- oder Mucuna-Samen, und natürlich auch nur, wenn man größere Mengen polieren will.

Einen Ständer für die verschiedenen Aufsätze kann man sich leicht selbst aus einem Stückchen Holz bauen, in das man den Schaftstärken entsprechend große Löcher bohrt.

Speziell wenn man verholzte Materialien bearbeitet, verstopfen bzw. verschmutzen Bohrer, Fräsen, Schleif- und Polieraufsätze leicht. Mit einer Nadel oder einer Messinghandbürste (eine Bürste mit vielen dünnen Drahtborsten) lassen sie sich gut reinigen.

Sägen

Der Minikreissägen-Aufsatz (Trennscheibe) für die Handbohrmaschine mit einem Durchmesser von 13 bzw. 16 mm reicht natürlich nur für kleinere Materialien aus. Für größere benötigt man zumindest eine Handlaubsäge. Noch besser ist eine elektrische Laubsäge, die sogenannte Decoupirsäge. Sie bewältigt auch »steinharte« Materialien wie die Birnceder, und hat außerdem den Vorteil sehr glatter Schnittflächen, die nicht mehr geschliffen zu werden brauchen. Eine solche Säge ist für unsere Zwecke allerdings Luxus, man wird sich daher gegebenenfalls an eine Schreinerei wenden.

Das Zubehör

Fertiges Zubehör gibt es in Hülle und Fülle: In Großstädten gibt es vielfach spezielle Perlenmärkte, in denen man sich ob der großen Auswahl an Zubehör kaum noch entscheiden kann. Ansonsten gibt es einen Großteil der Grundausstattung in vielen Hobbyläden und Kaufhäusern. Silber- und Messingdraht, Nylonfaden, Perlseide, Kordeln und die verschiedensten Bänder bekommt man außerdem in Deko- und Stoffgeschäften.

Schmuck-Komponenten: Perlen, Scheiben, Stifte, Hülsen

Die Auswahl, vor allem in den vielerorts existierenden speziellen Perlengeschäften, ist schier grenzenlos: Zwischen einfachen und exotischen Holzperlen, Keramikperlen mit den unterschiedlichsten Glasuren, Glas-, Metall- und Kunststoffperlen (oft mit metallfarbener, galvanisierter Oberfläche) bzw. entsprechenden Scheiben, Stiften und Hülsen kann man sich oft nur schwer entscheiden. Noch schwieriger wird dies natürlich bei kostspieligeren Komponenten, wie solchen aus Perlmutt, Elfenbein, Büffelhorn oder gar Ebenholz. Dies um so mehr, als es nützlich ist, immer eine gewisse Auswahl bei sich zu Hause zu haben.

Oft findet man aber auch beim Eisenwarenhändler geeignete Teile, wie Beilagscheiben, Muttern, Zugfedern und ähnliches, oder man bearbeitet entsprechende Abfallstücke vom Schreiner nach den individuellen Bedürfnissen. Eine andere Möglichkeit, sich preisgünstig Zubehör und Schmuck-Komponenten zu beschaffen, ist, die alten Ketten aus dem eigenen Schmuckkästchen zu zerlegen oder sich solche vom Flohmarkt zu besorgen.

Die Kombinationsmöglichkeiten stehen also der Zahlenlotterie in nichts nach – was andererseits auch gewisse Gefahren in sich birgt. Beim Arbeiten mit Naturmaterialien ist eher eine Beschränkung bei den Zutaten angebracht, um die schönen, ausdrucksvollen Formen und die natürlichen Farben für sich selbst wirken zu lassen.

Drähte, Bänder, Schnüre

Es gibt verschiedene Drähte, die sich zur Schmuckherstellung eignen: Silber- oder Golddraht mit Kupferkern mit einem Durchmesser von 1,0, 1,2, maximal 1,5 mm garantieren in den meisten Fällen Formstabilität. Für Halsreifen sind diese Drähte allerdings nicht unbedingt geeignet, vorzuziehen sind die fertigen Halsreifen aus speziell gehärtetem Draht. Von Messingdraht ist mehr oder weniger abzuraten, da er sehr weich und damit nicht formstabil ist.

Fertige Halsreifen bekommt man – mit Steck- oder Kugelverschluß – in allen Perlen- und vielen größeren Hobbygeschäften. Die Halsreifen mit Kugelverschluß sind meist dicker als die mit Steckverschluß – die Kugel läßt sich aber abschrauben, so daß man die Perlen mit den entsprechend größeren Löchern bequem aufreihen kann. Die abschließenden Perlen bzw. Quetschperlen werden aufgeklebt.

Um Halsketten anzufertigen, gibt es Tausende von Möglichkeiten: Verschiedenste Fäden, Bänder, Kordeln oder auch Kautschuk (bis hin zum Elektrokabel) bilden die Grundlage. Auf sie werden Perlen, Naturmaterialien und Schmuck-Komponenten entweder direkt aufgereiht oder mit dem entsprechenden Zubehör angehängt.

Perlon-Nähseide ist ideal für kleine Perlen – hierfür gibt es spezielle, extrem dünne Nähnadeln.

Gut geeignet ist auch Perlseide, die mit einer festen Metallspitze zum Auffädeln ausgestattet ist. Eine andere Möglichkeit, Perlen direkt aufzureihen, ist, etwa 3 bis 5 cm des Fadenendes in Klebstoff zu tauchen und trocknen zu lassen. So erhält man ebenfalls eine feste Spitze. Die Fäden sind entsprechend länger zuzuschneiden, da der getrocknete Klebstoff nach einiger Zeit abbröckelt und man diesen Teil immer wieder abschneiden muß.

Nylon-Angelschnur (Durchmesser 0,2 mm) ist sehr belastbar und hat ebenfalls den Vorteil, ohne Nadel direkt durch die Perlen gesteckt werden zu können; allerdings halten die Knoten nicht besonders gut, deshalb sollten sie immer mit etwas Klebstoff fixiert werden.

Wichtig ist auch eine gute Gleitfähigkeit des Fadens, speziell wenn Perlen aus Naturmaterialien aufgereiht werden. Die Innenwände der Löcher dieser Perlen sind ziemlich rauh, so daß man mit kordelartigen Fäden oder Bändern leicht hängenbleibt – in diesen Fällen sind also glatte Materialien wie Nylon-Angelschnur oder Lederbänder vorzuziehen.

Nylonfaden wird auch verwendet, um beispielsweise das Mittelteil einer Kette gesondert zu arbeiten, wenn die übrige Kettenaufhängung aus Kordel oder Stoffband zu dick ist, um durch die Löcher der aufzureihenden Perlen zu passen. Der Nylonfaden wird nach dem Aufreihen verknotet, in eine Quetschkalotte geklebt und mit einer Öse mit dem entsprechenden Abschluß der Kettenaufhängung verbunden.

Technisches Zubehör

Halsketten brauchen Verschlüsse. Dies sind Federringe oder auch nur Haken und Öse. Mehrere Schnüre oder Bänder erhalten Kautschukenden oder Kalotten, um sie zusammenfassen zu können. Ohrschmuck bedarf zur Befestigung am Ohr eines Clips, Ohrsteckers, Ohranhängers oder einer Klemmschraube. Broschennadeln mit oder ohne Sicherheitsverschluß sind in vielen Größen und Formen im Handel erhältlich.

Modeschmuck-Zubehör wird aus den verschiedensten Materialien hergestellt, wobei die genaue Zusammensetzung meist ein Geheimnis der Herstellerfirmen ist. Am pflegeleichtesten sind Gold oder Vergoldungen und Nikkel, die nicht anlaufen.

Der Sprachgebrauch in bezug auf das Schmuckzubehör ist fast so verwirrend wie bei den exotischen Pflanzen. Das folgende Kapitel bringt deshalb in alphabetischer Folge die gängigen Bezeichnungen sowie die Verwendung und Verarbeitung dieser unerläßlichen Kleinteile.

Technik-ABC

Biegeringe (Ösen)

Sie dienen als Verbindungen jeglicher Art. Je mehr Biegeringe, desto lockerer wird die Aufhängung. Biegeringe gibt es auch oval und dreieckig.

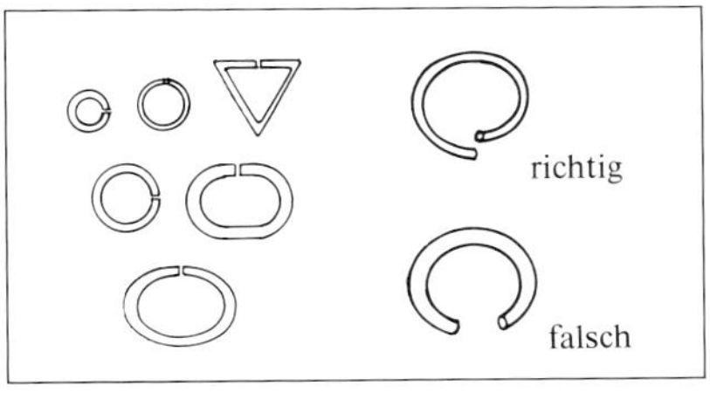

Verarbeitung: Biegeringe darf man nie auseinanderziehen, sondern muß sie immer zur Seite hin auf- und zubiegen.
Werkzeug: Spitzzange

Brisuren

Zur Befestigung von Ohrgehängen. Mit Verzierung und Mechanik versehen, sind Brisuren aufwendiger, stabiler und teurer als die einfachen Ohranhänger.

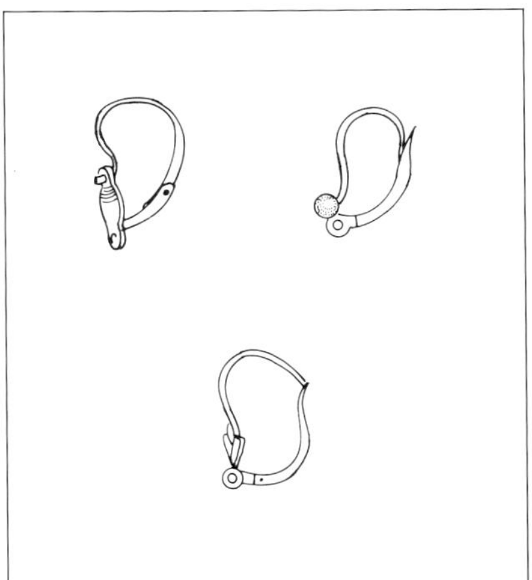

Verarbeitung: Das Ohrgehänge wird in die Öse der Brisur eingehängt, mit oder ohne extra Öse, je nachdem, wie locker das Gehänge sein soll. Es ist darauf zu achten, daß der Ohranhänger nicht zu schwer wird und nach der richtigen Seite hängt (links, rechts bzw. zur Seite oder nach vorne).
Werkzeug: Spitzzange

Broschennadeln

Broschennadeln gibt es mit und ohne Sicherheitsverschluß in verschiedenen Formen und Größen.
Verarbeitung: Die Klebefläche bzw. Platine wird mit Schleifpapier oder mit dem Schleifaufsatz des Elektrobohrers etwas angerauht, ebenso das zu klebende Material und mit Zwei-Komponenten-Kleber oder Sekundenkleber aufgeklebt.
Werkzeug: Schleifmittel, Klebstoff

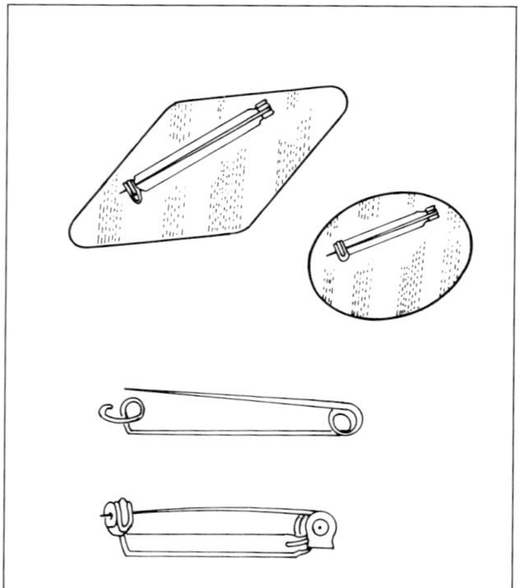

Creolen

Darunter versteht man Ohranhänger, auf die beispielsweise kleine Perlen aufgefädelt werden können.
Verarbeitung: Entsprechend der Dicke des Creolendrahtes gebohrtes Material

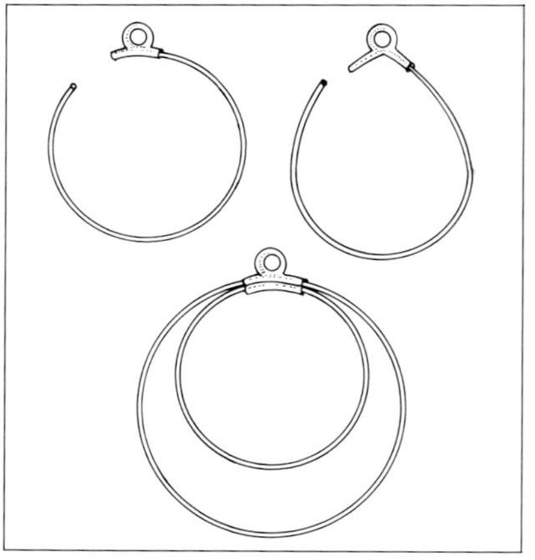

wird aufgereiht. Die letzten Perlen der Reihe werden festgeklebt und das Ende des Creolendrahtes in die Halterung eingeklebt und mit der Spitzzange in der Mitte zugedrückt. Man kann sich Creolen auch selbst biegen (siehe Seite 40). Sie sind aber nicht ganz so stabil wie die fertigen aus speziell gehärtetem Draht.

Federringe

Als Kettenverschluß wird der Federring mit einer Öse am Kettenabschluß eingehängt (siehe auch Seite 41).
Werkzeug: Spitzzange

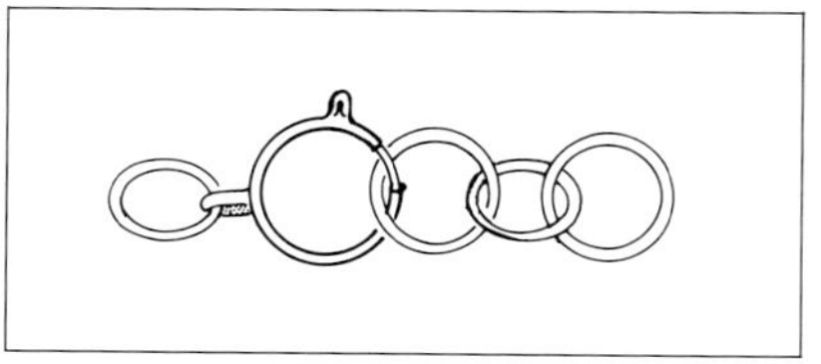

Haken und Ösen

Dieser Kettenverschluß wird meist in Verbindung mit größeren Lederkalotten verwendet, an deren Ösen Haken und Öse eingehängt werden.
Werkzeug: Spitzzange

Kalotten (Kapseln)

Kleinere und größere Kalotten dienen ebenfalls als Abschluß ein oder mehrerer Bänder. Im Gegensatz zur Quetschkalotte hat die Kalotte nur auf der Unterseite eine Öffnung, in die das Band eingeklebt wird.

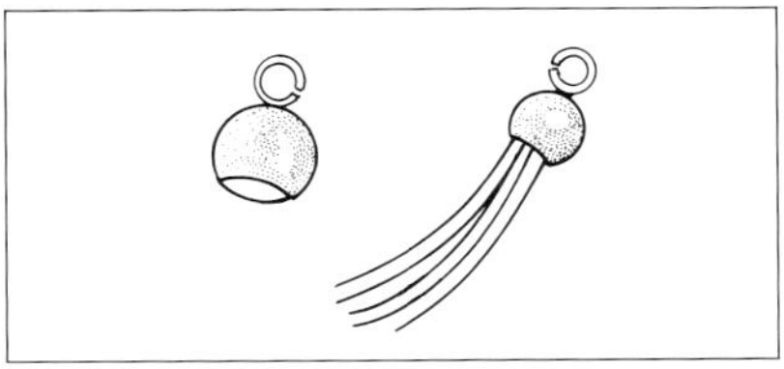

Kautschukenden

Sie bilden den Abschluß für ein oder mehrere Bänder.
Verarbeitung: Die Bandenden werden eingelegt. Zunächst wird eine Seite zugedrückt, dann die andere etwas darüber gebogen und daraufhin fest zusammengedrückt.
Werkzeug: Spitzzange

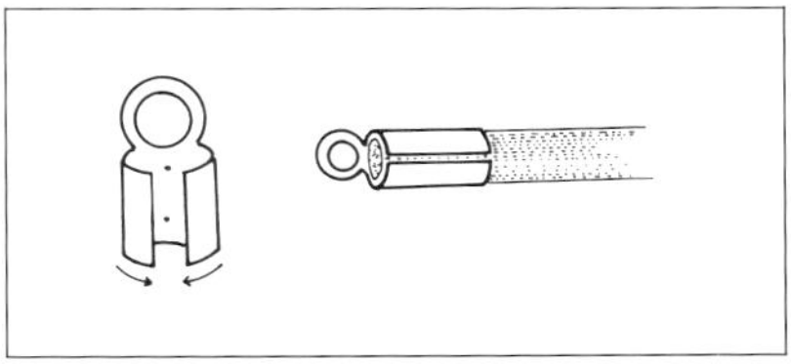

Kett- oder Kettelstifte (Verlängerungsstifte)

Sie dienen zum Montieren von Ohrgehängen und zum Aufnehmen von Perlen.
Verarbeitung: Der Stift wird entweder ganz durch die Perle gesteckt oder, auf die entsprechende Länge gekürzt, eingeklebt. Im ersten Fall wird auf der anderen Seite ebenfalls eine Öse gebogen. Dabei wird das Stiftende zunächst horizontal zur Seite und dann mit der Ösenzange so gebogen, daß die Öse genau in der Mitte des Stiftes sitzt, das heißt, beim Biegen muß die Öse gleichzeitig immer etwas nach hinten gezogen werden.
Werkzeug: Spitz- und Ösenzange, Klebstoff

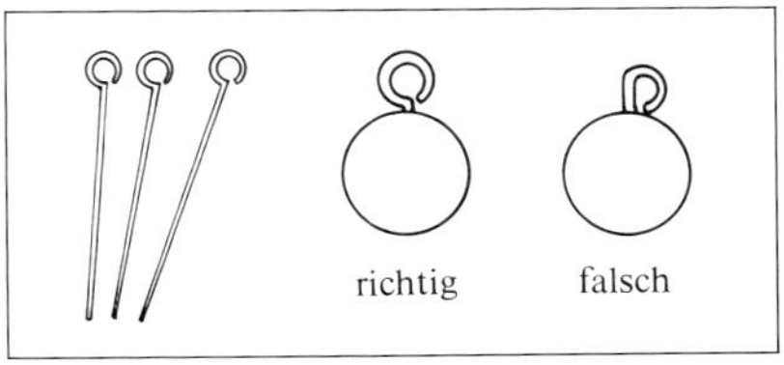

Klemmschrauben (Ohrschrauben)

Ein Ohranhänger, der am Ohr festgeschraubt wird, wenn keine Ohrlöcher vorhanden sind.
Verarbeitung: Die Verbindung mit dem Ohrgehänge erfolgt durch eine Öse.
Werkzeug: Spitzzange

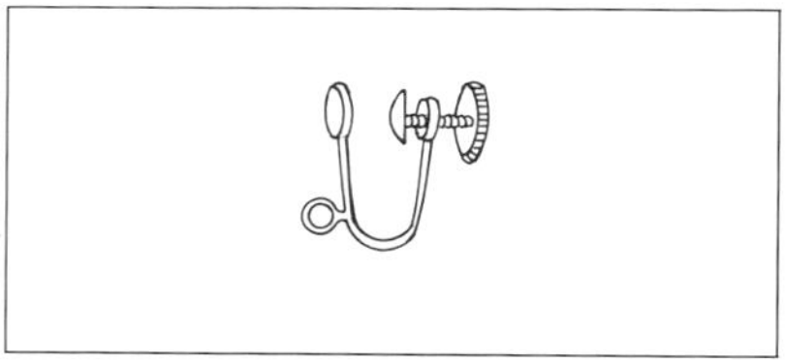

Kopfnadeln

siehe Nietstifte

Krawattennadeln

Sie dienen als Anstecker für kleinere Materialien. Die Schutzkappe für die Nadel muß man oft separat kaufen.
Verarbeitung: wie Broschennadeln
Werkzeug: Schleifmittel, Klebstoff

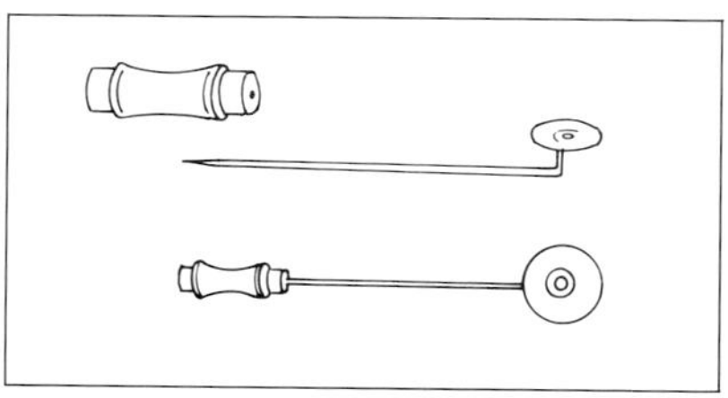

Krampen

Krampen bilden den Abschluß für ungelochte Steine.
Verarbeitung: Die Steine bzw. das Schmuckmaterial werden geklebt. Mit der angelöteten Öse wird die Krampe weiterverbunden.

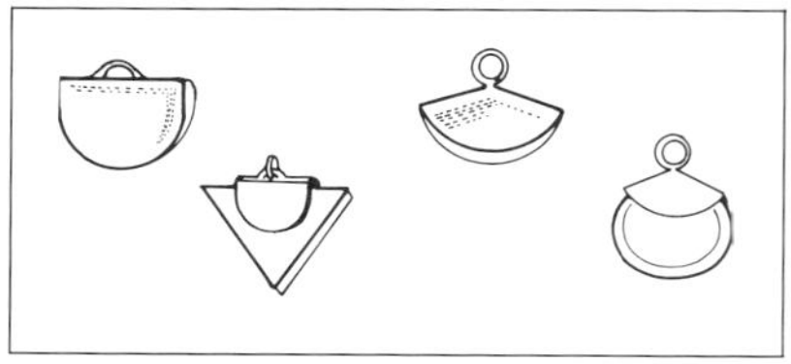

Lederkalotten

Spiralförmige Abschlüsse für ein oder mehrere Lederbänder oder auch für Bänder aus anderem Material.
Verarbeitung: Ein oder mehrere Bänder werden eingelegt oder geklebt, je nach Schwere des Schmuckmaterials und das untere Ende der Spirale wird mit der Spitzzange etwas zugedrückt.
Werkzeug: Klebstoff, Spitzzange

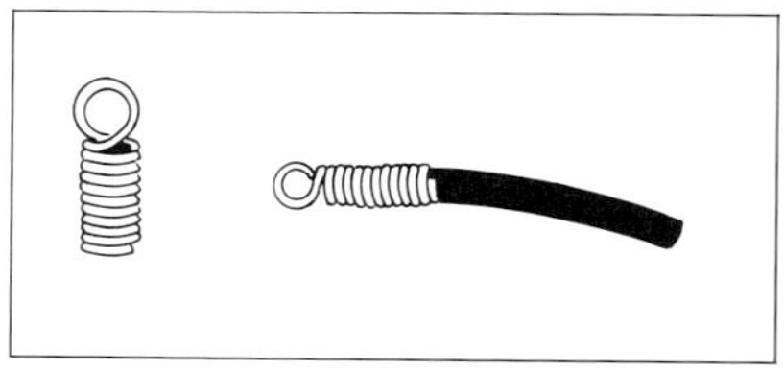

Nietstifte (Kopfnadeln, Prismenstifte)

Sie dienen als Abschluß von Ketten, zum Montieren von Ohrgehängen und zum Aufnehmen von Perlen.
Verarbeitung: Der Stift wird durch eine Perle gesteckt, die dann unten durch

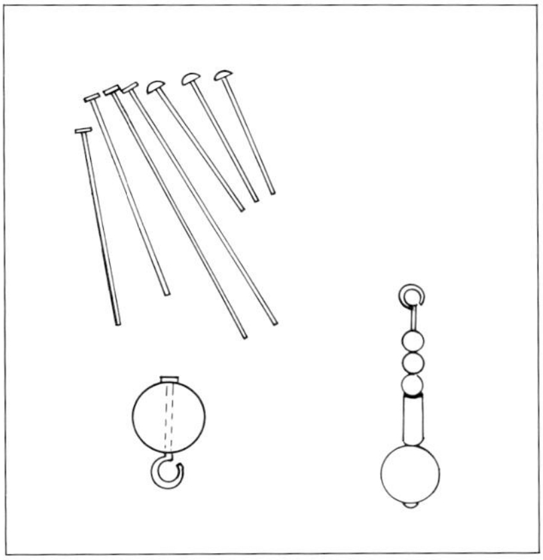

den Stecknadel-artigen Kopf gehalten wird. Wenn das Loch der Perle zu groß ist, so daß der Kopf durchrutscht, benötigt man als Zwischenstück eine Perlkappe (siehe unten). Das herausragende Drahtstück wird zu einer Verbindungsöse gebogen. Es wird nach Bedarf gekürzt. Abschluß von Ketten siehe Seite 42.
Werkzeug: Ösenzange

Ösen

siehe Biegeringe

Ohranhänger

Zur Befestigung von Ohrgehängen unterscheidet man drei verschiedene Formen: 1. Ohrhäkchen, auch Schweizer Haken genannt, 2. Ohrring-Oberteile, 3. Fischhaken.
Verarbeitung: 1. Die halb offene Öse des Ohrhäkchens wird nach dem Einhängen des Ohrgehänges mit der Spitzzange zugedrückt.
2. Die Öse des Ohrring-Oberteils läßt sich zwar notfalls zur Seite hin aufbiegen, besser ist es aber, das Ohrgehänge mit einer weiteren Öse einzuhängen.
3. Die Öse des Fischhakens läßt sich auf der Rückseite (zur Seite hin!) aufbiegen.
Werkzeug: Spitzzange

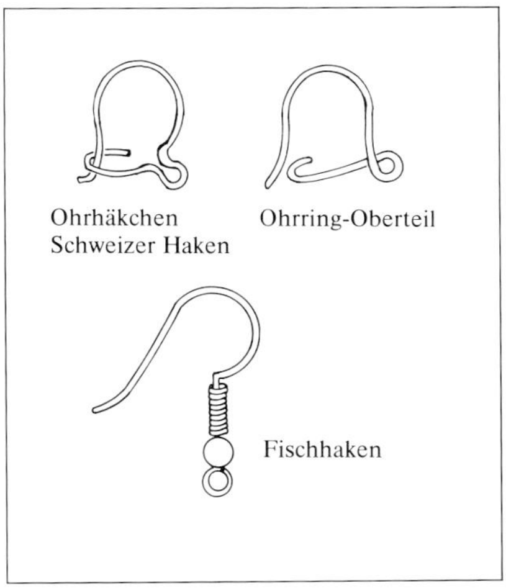

Ohrclip

Ohrclips gibt es mit Platine und mit Siebaufsatz (Abb. Seite 34).
Verarbeitung: Die Klebeflächen werden angerauht und das Material aufgeklebt. Sind Ösen vorhanden, kann man daran zusätzlich ein Gehänge befestigen. Clips mit Sieb lassen sich mit kleinen Samen oder Perlen »besticken«.
Werkzeug: Schleifmittel, Klebstoff

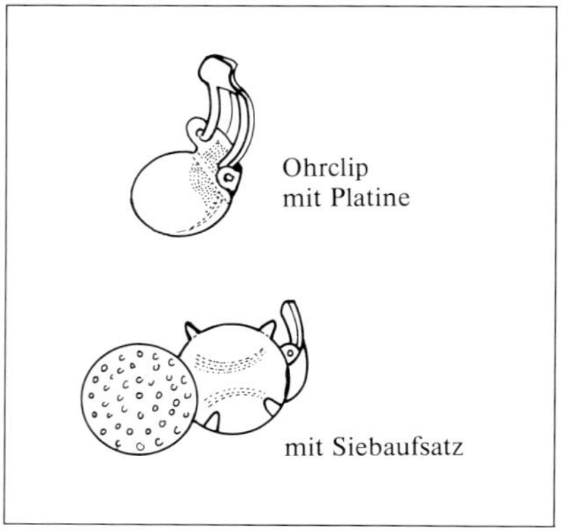

Ohrschrauben

siehe Klemmschrauben

Ohrstecker, Ohrstifte

Sie sind für Ohrschmuck aus kleineren Materialien geeignet und mit verschieden großen Platinen oder Klebetellern erhältlich.

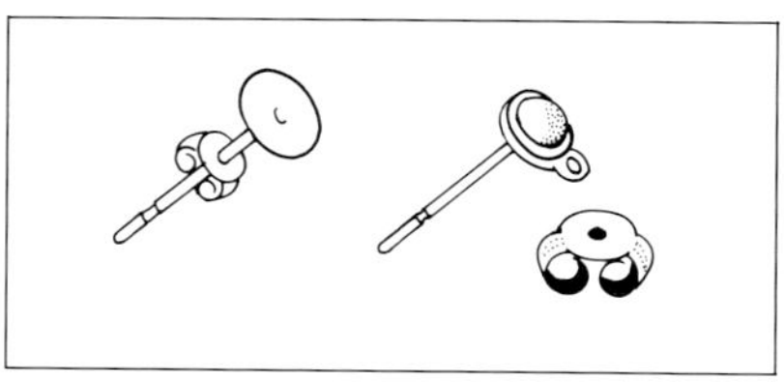

Verarbeitung: wie bei Ohrclips oder Broschen.
Werkzeug: Schleifmittel, Klebstoff

Perlkappen

Perlkappen bilden den Abschluß von Perlen.
Verarbeitung: siehe Nietstifte. Falls auch das Loch der Perlkappe zu groß ist, steckt man noch eine kleine Perle dazwischen.
Werkzeug: Spitzzange

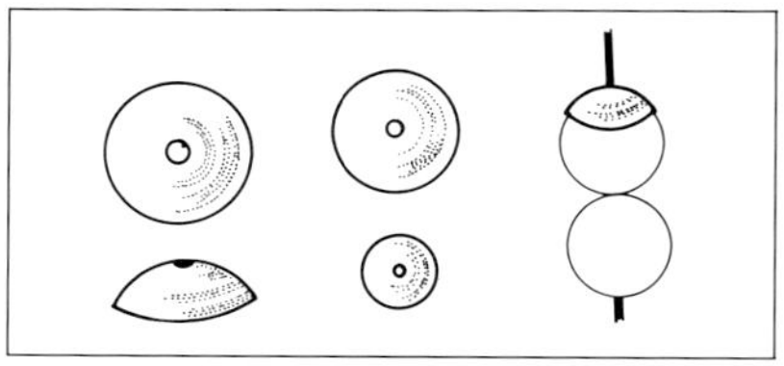

Prismenstifte

siehe Nietstifte

Quetschkalotten

Sie werden mit und ohne Loch angeboten und dienen als Abschluß für dünnere Fäden und Bänder. Die Zeichnung zeigt eine starke Vergrößerung.
Verarbeitung: Sehr dünne Fäden werden verknotet und eingelegt, eventuell vorher mit etwas Klebstoff verstärkt. Der Klebstoff muß in diesem Fall vor der Weiterverarbeitung trocknen. Bei Quetschkalotten mit Loch wird zuerst der Faden durch das Loch gezogen und das kurze Ende verknotet. Auf dem langen Ende werden die Perlen aufgereiht. Die beiden Hälften der Kalotten werden dann nicht wie bei den Lederkalotten übereinander, sondern so zusammengedrückt, daß die beiden Hälf-

ten genau aneinander stoßen. Besonders bei größeren Kalotten wird dies erleichtert, wenn man sie vor Einlegen des Knotens schon etwas zusammendrückt.
Werkzeug: Spitzzange

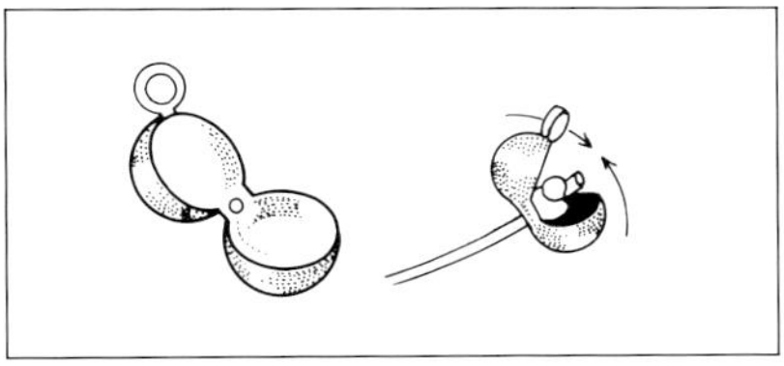

Quetschperlen

Sie stoppen Perlenreihen auf einer bestimmten Höhe und vor dem eigentlichen Abschluß.

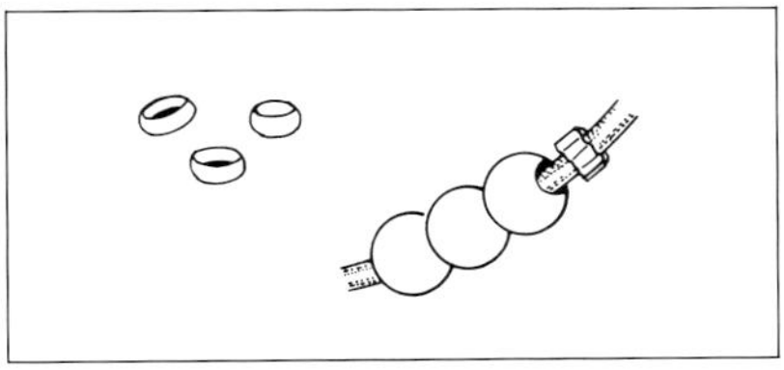

Verarbeitung: Auf Fäden, Bändern, Kordeln usw. werden sie einfach mit der Spitzzange zugequetscht. Auf Metall, beispielsweise bei Halsreifen oder Creolen, müssen sie festgeklebt werden.
Werkzeug: Spitzzange, Klebstoff

Ringe

siehe Biegeringe

Rundlederenden

Sie bilden den Abschluß für ein oder mehrere Bänder.
Verarbeitung: Das Band wird eingeklebt, mehrere dünne Bänder vorher verknotet. Dabei muß das Loch frei bleiben, sonst kann man die Öse nicht mehr durchstecken.
Werkzeug: Spitzzange, Klebstoff

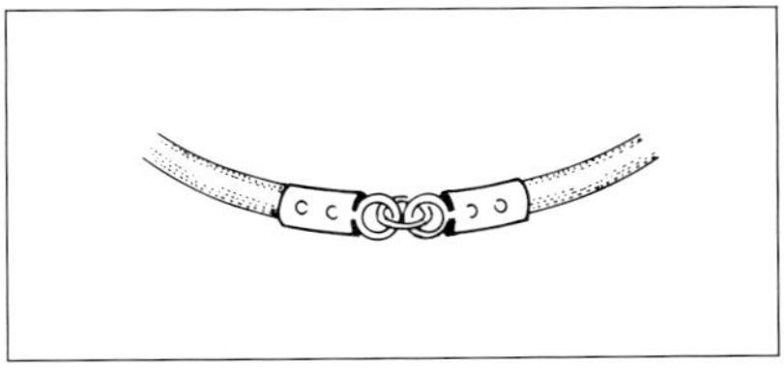

Schmucknadeln

siehe Krawattennadeln

Schraubverschlüsse

Diese Kettenverschlüsse gibt es in verschiedenen Formen und Größen.
Verarbeitung: Die Ösen werden am Abschluß der Kette eingehängt.
Werkzeug: Spitzzange

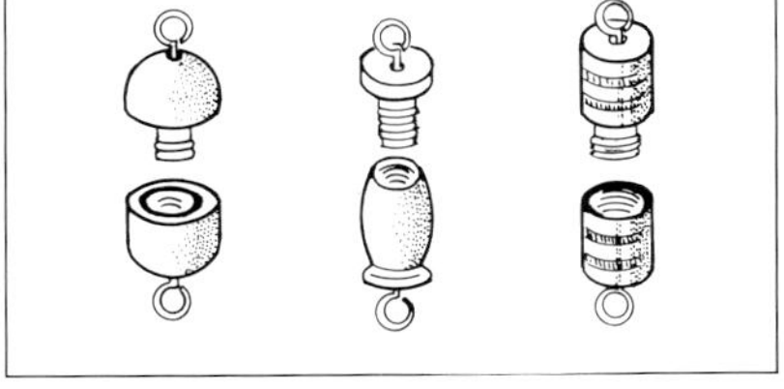

Steckverschlüsse

In der Form ähnlich wie Schraubverschlüsse, dienen sie ebenfalls als Kettenverschluß. Sie sind besonders geeignet für Ketten aus mehreren Bändern, die sich mit Schraubverschluß zu sehr in sich »verheddern« würden.
Verarbeitung: Die Ösen dieser Steckverschlüsse lassen sich nicht aufbiegen. Man benötigt also Verbindungsösen.
Werkzeug: Spitzzange

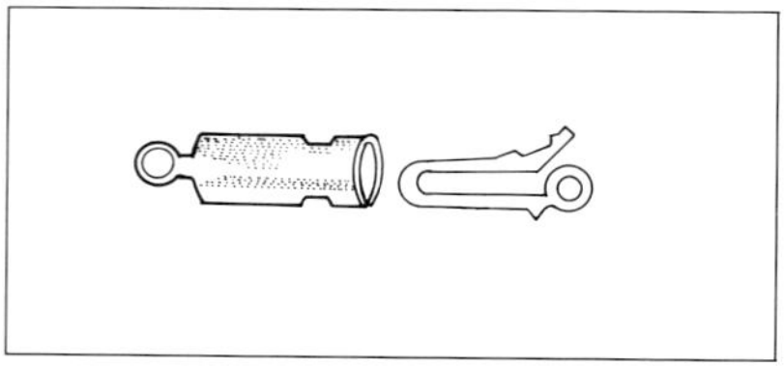

Stiftösen

siehe Kettstifte

Tulpen

Tulpen dienen hauptsächlich als Kettenabschluß, teilweise aber sind sie auch für Ohranhänger geeignet. Im Gegensatz zu Krampen haben Tulpen Löcher.
Verarbeitung: Der mit Band oder Bändern verbundene Nietstift wird durch

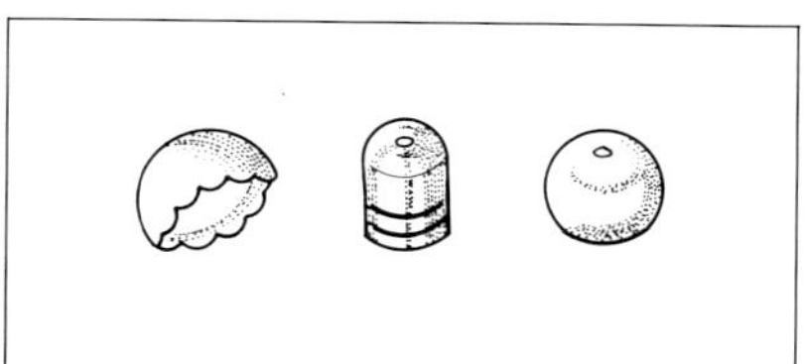

das Loch gesteckt, das Ganze dann eingeklebt und eine Öse gebogen (siehe Ketten Seite 41)

Verlängerungsstifte

siehe Kettstifte

Verschlußkappen

siehe Rundlederenden

Der Arbeitsplatz

Je nach den individuellen Bedürfnissen kann man den Arbeitsplatz entsprechend klein oder groß gestalten – für gelegentliche Arbeit kommt man durchaus mit einem Platz auf dem Küchentisch zurecht. Für häufigere Arbeiten ist ein Schreibtisch mit mehreren Schubladen ideal, in dem man öfter benötigte Materialien und Werkzeuge unterbringen kann.

Selbstverständlich sollte man in jedem Fall eine gute Beleuchtung haben, möglichst von allen Seiten, hauptsächlich aber von der linken Seite, damit von der rechten Hand, mit der man arbeitet, keine Schatten auf das Werkstück fallen. Linkshänder benötigen die Lichtquelle von rechts.

Die Arbeitsunterlage sollte relativ dunkel sein, damit sich Metallteile besser abheben; außerdem nicht zu glatt, da sonst kleine Perlen oder ähnliches leicht wegrollen. Sehr gut geeignet für diesen Zweck ist Filz, der aber relativ teuer ist. Man kann auch dickes Krepp-Papier verwenden, das man straff spannt und mit Tesakrepp auf der

Tischplatte festklebt. Es läßt sich zwischendurch gut mit einer Bürste säubern und außerdem leicht auswechseln, wenn es durch Klebereste zu sehr verschmutzt ist.

Goldschmiede tragen bei der Arbeit spezielle Schürzen, mit denen die kostbaren Edelmetall-Reste aufgefangen bzw. gesammelt werden. Für unsere Zwecke ist dies natürlich überflüssig, dennoch ist eine Schürze oder ein größeres Tuch recht praktisch, um herunterfallende Teile oder den beim Sägen und Schleifen entstehenden Staub aufzufangen.

Zur Aufbewahrung des Schmuckzubehörs und der Schmuck-Komponenten eignen sich besonders die aufklappbaren, durchsichtigen Kleinteile-Kästen mit mehreren Unterteilungen, die im Werkzeughandel angeboten werden. Auch die flachen Kästen mit herausnehmbaren Schalen eignen sich gut, speziell wenn man beispielsweise für eine Perlenkette viele Perlen benötigt und nicht den ganzen, großen Kasten vor sich stehen haben will. Diese Kästen ermöglichen einen guten Überblick über das vorhandene Material und erleichtern damit die Auswahl und Zusammenstellung des Schmuckzubehörs und der Komponenten.

Verwendet man Gläser und Klarsichtkartons auch zur Aufbewahrung der Naturmaterialien, hat man sie jederzeit vor Augen und ist offen für neue Ideen.

Ausgediente Display-Kartons aus dem Supermarkt mit vielen kleineren Klarsicht-Einteilungen eignen sich hervorragend zur Aufbewahrung der Drahtrollen, Schnüre, Bänderreste und dergleichen.

Lederbänder und Kordeln, überhaupt alle Bänder, kann man an längeren, etwas schief eingeschlagenen Nägeln aufhängen. Aus mehreren Bändern macht man einen Zopf oder mit einem einfachen Knoten ein Bündel, aus dem man die Bänder einzeln nach oben herausziehen kann.

Und was bei der Schmuckherstellung natürlich keinesfalls fehlen sollte, ist zumindest ein Spiegel, besser aber zwei in verschiedenen Entfernungen, so daß man die Schmuckstücke aus der Nähe sowie auch einem weiteren Abstand begutachten kann.

Die Anfertigung von Schmuckstücken

Ohranhänger

Vom einfachen bis zum komplizierten Ohranhänger, eines haben alle gemeinsam: Das eigentliche Gehänge muß mit dem Anhänger, der durch das Ohrloch gesteckt wird, verbunden werden. Dies geschieht grundsätzlich mit Hilfe eines Biegeringes (Öse), also entweder nur des Ringes oder des zur Öse gebogenen Endes eines Niet- oder Kettelstiftes (bzw. der Öse einer Lederkalotte).

Dabei muß von vorneherein darauf geachtet werden, daß der Ohranhänger am Ende richtig am Ohr hängt: Da der Anhänger immer von vorne nach hinten durch das Ohrloch gesteckt wird, muß die Verbindungsöse dementsprechend quer dazu stehen. Die Abbildung unten zeigt fünf verschiedene Aufhängungen.

Am bequemsten ist die Aufhängung mit einer Lederkalotte (siehe auch Seite 32). In sie kann man das Material selbst oder ein oder mehrere Bänder direkt einkleben. Die unterste Spirale wird danach mit der Spitzzange etwas zugedrückt (1).

Kettelstifte klebt man entweder (eventuell gekürzt) teilweise in das Ma-

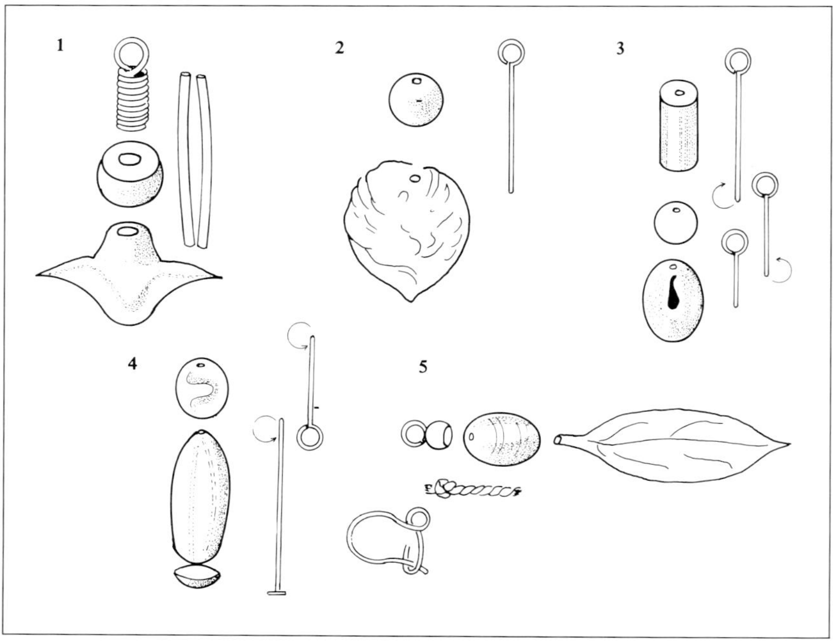

Verschiedene Techniken, Ohranhänger herzustellen: 1 mit einer Lederkalotte, 2 und 3 mit Kettelstiften, die zu Ösen gebogen sind, 4 mit einem Nietstift, 5 lockere Aufhängung mit Faden und Kalotte.

terial ein (2) oder zieht sie ganz durch das Loch. Dann muß das gerade Ende des Stiftes zu einer zweiten Öse gebogen werden, die entweder direkt in den Ohranhänger eingehängt oder mit einer weiteren Öse verbunden wird. Je mehr solcher Verbindungsösen vorhanden sind, desto schöner »baumelt« das Ohrgehänge (3).

Nietstifte halten mit einem kleinen »Stecknadel«-Kopf Perlen oder anderes Material. Sie müssen also immer ganz durch das Loch gezogen werden (s. auch Seite 33). Sollte der Kopf des Nietstiftes zu klein für das Loch sein, so daß er durchrutscht, wird eine kleine Perle oder eine Perlkappe dazwischengeschoben. Das auf der anderen Seite herausragende Ende des Nietstiftes wird auf etwa 6 mm gekürzt, zur Öse gebogen und mit dem Anhänger verbunden (4).

Eine besonders lockere Aufhängung erreicht man mit einem Faden (hier Perlseide). Dieser wird in das Material eingeklebt, am oberen Ende verknotet, in eine Kalotte geklebt oder »gequetscht« und entweder direkt oder durch einen Biegering mit dem Anhänger verbunden (5).

Selbstgefertigte Creole. Mit einer Öse wird die Creole verschlossen, mit der zweiten wird sie in das Ohrhäkchen eingehängt.

Creolen

Die runden oder tropfenförmigen Ohranhänger aus einem geschlossenen Drahtring kann man leicht selbst herstellen. Am besten geeignet hierfür ist 1,2 mm Draht, den man zum Glätten und Härten einige Male durch den mit Silberputztuch abgeklebten Schraubstock zieht. Dann wickelt man den Draht eineinhalb bis zwei Mal um eine Dose – dadurch ergibt sich eine schöne Rundung – und schneidet die überschüssigen Enden ab. Nun werden etwa 1 cm des einen Endes rechtwinklig nach außen gebogen und vom anderen Ende her die Perlen, Samen oder

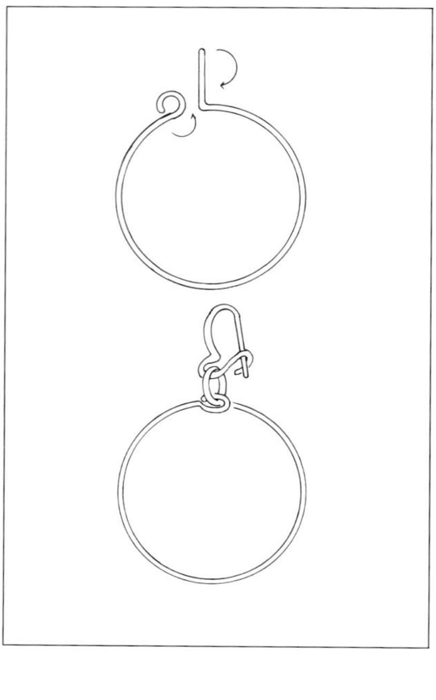

ähnliches aufgereiht. Am Fädelende wird dann zur Seite hin eine Öse gebogen und bis zur Knickstelle in das rechtwinklig gebogene Ende eingehängt. Aus diesem Ende wird eine zweite Öse gebogen, in die das Ohrhäkchen eingehängt wird.

Einfacher zu handhaben sind natürlich vorproduzierte Creolringe, die bereits mit einer Aufhängung versehen sind. Die Creole läßt sich auf einer Seite öffnen – von hier aus können die Perlen aufgereiht werden. Zuletzt wird der Draht wieder in die Halterung gesteckt, eventuell mit einem Tropfen Klebstoff versehen und mit der Spitzzange in der Mitte der Halterung zugedrückt. Will man die Position der Creole verändern, braucht man nur die Halterung bzw. deren Öse mit der Spitzzange entsprechend zu verbiegen.

Ohrstecker, Ohrclips, Broschen und Anstecknadeln

Das Zubehör gibt es in den verschiedensten Ausführungen und Größen. Ohrstecker eignen sich besonders für kleinere Materialien und auch bei Ohrclips muß man darauf achten, daß sie nicht zu schwer werden. Für alle gilt: Die Klebeflächen müssen vor dem Kleben angerauht werden. Wenn man mit dem Schleifaufsatz des Elektrobohrers arbeitet, ist immer von der Mitte zum Rand hin zu schleifen und das Gerät dort abzuheben. Schleift man am Rand, ohne abzuheben, rutscht man leicht ab und verkratzt die Rückseite des Clips.

Broschennadeln werden nicht mittig, sondern im oberen Drittel des Mate-

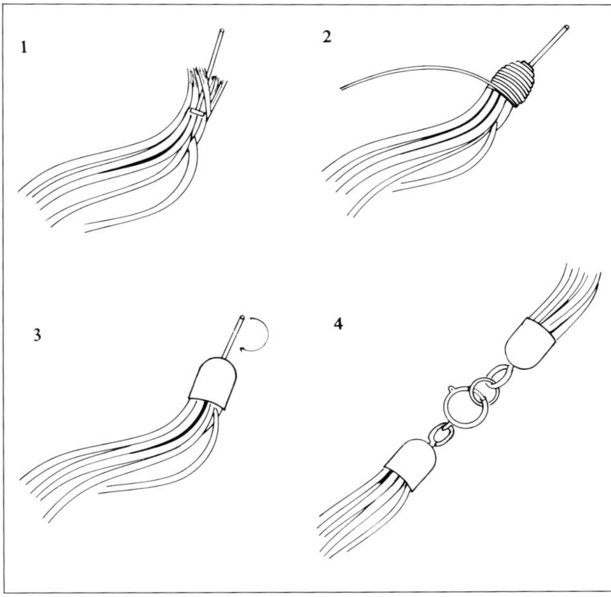

Kettenabschluß mit Tulpen.
1 Ein Nietstift wird mit dem Kopf in die Kordel geschoben.
2 Mit dünnem Faden wird sauber abgebunden.
3 Eine Tulpe wird über den Stift geschoben und auf der Kordel fest-geklebt.
4 Der Stift wird zur Öse gebogen, in die ein Federring als Verschluß eingehängt werden kann.

rials aufgeklebt, damit die Brosche nicht nach vorne kippt.

Halsreifen und Ketten

Auch zur Verarbeitung als Halsreifen und Ketten bieten sich unendlich viele pflanzliche Materialien an. In den tropischen Ländern werden traditionell hauptsächlich Halsketten mit über die ganze Länge aneinandergereihten Samenperlen gefertigt, die man aber durchaus abwandeln und dem europäischen Geschmack anpassen kann.

Die normale Bandlänge für Halsketten beträgt etwa 40 bis 60 cm, wobei die Länge des Verschlusses natürlich mit einkalkuliert werden muß. Sollte die Kette zu kurz geraten sein, kann man die Verbindung zum Verschluß noch mit einem Kettchen verlängern.

Über Drähte, Bänder und Schnüre siehe Seite 28.

Einzelheiten zur Verarbeitung siehe auch im Technik-ABC Seite 29.

Sollen Perlen aufgereiht werden, muß immer darauf geachtet werden, daß der Faden einerseits dünn genug ist, um durch die Perlen zu passen (sofern sich der Lochdurchmesser nicht verändern läßt), andererseits aber auch stark genug, um ihr Gewicht zu halten.

Kettenverschlüsse

Die Art des Verschlusses ist weniger eine Frage der Technik (siehe Technik-ABC), als der geschmacklichen Abstimmung auf den Charakter der jeweiligen Kette.

Die einfachste Art des Verschlusses sind Haken und Öse, die vor allem zu Kordeln und rustikalen Ketten passen. Dieser Verschluß wird meist in Verbindung mit Lederkalotten verwendet, mit deren Öse der Haken direkt verbunden werden kann – auf der anderen Seite wird eine etwas größere Öse angebracht, in die der Haken zum Verschließen eingehängt wird.

Federring-Verschlüsse sowie Steck- und Schraubverschlüsse in den verschiedensten Ausführungen sind etwas (bis sehr viel) teurer und unterstützen die gediegene bis elegante Wirkung einer Kette.

Die Verbindung von Kettenabschlüssen zu den Verschlüssen wird durch Ösen hergestellt – entweder durch die zum Beispiel an Lederkalotten bereits vorhandenen, durch solche, die aus Nietstiften selbst gebogen wurden, oder durch zusätzliche Ösen.

Als Kettenabschlüsse dienen Krampen, Tulpen, Rundlederenden, Lederkalotten oder Kautschukenden, die auf das oder die Fadenenden aufgesetzt bzw. aufgeklebt werden.

Werden Kordeln oder mehrere Bänder mit einer Tulpe abgeschlossen, so wird zunächst ein mit Klebstoff verstärkter Nietstift mit dem Kopf nach unten zwischen die Bänder geschoben und alles mit dünnem Faden abgebunden. Danach wird das herausragende Ende des Nietstiftes durch das Loch der Tulpe gesteckt, gleichzeitig Band oder Bänder eingeklebt, und auf der Oberseite eine Öse gebogen (siehe Zeichnung 1 bis 4).

Bei Perlenketten, deren Perlen bis zum Verschluß reichen, wird zuerst der Verschluß befestigt: Der genügend lange Aufreihfaden (an beiden Enden entsprechend Spielraum für die Knoten einkalkulieren!) wird durch die Öse des Steck- oder Schraubverschlusses geführt, verknotet und das kurze Ende des Fadens in die erste Perle eingeklebt. Oder man klebt den Knoten in eine Quetschkalotte mit Loch, durch das der Aufreihfaden durchgezogen wird. Dann erst wird aufgereiht und am anderen Ende ebenso verfahren wie am Anfang.

Lederkette mit Knotenverschluß

Mit zwei Knoten als Verschluß kann man Halsketten aus einem Lederband fertigen:

1. Nach dem Auffädeln der Perlen werden die beiden Lederenden parallel zueinander gelegt.
2. Die Lederenden werden zwischen Daumen und Zeigefinger der rechten Hand so gehalten, daß das eine Ende etwa 10 cm oberhalb der Hand liegt.
3. Mit diesem Ende wird über den Daumen eine Schlaufe gelegt und unterhalb der beiden Lederriemen durchgeführt.
4. Eine zweite Schlaufe um den Daumen legen, mit dem linken Daumen die Schlaufe vorsichtig abstreifen und festhalten. Mit der rechten Hand das Lederende durch die Schlaufe und zu einem festen Knoten ziehen.
5. Auf der anderen Seite wird entsprechend verfahren, so daß man zwei Knoten erhält.
6. Die überstehenden Enden werden kurz hinter dem Knoten abgeschnitten.
7. Mit den Knoten läßt sich die Länge der Kette variieren (s. Seite 44).

Verlängern: den Knoten a festhalten, Band b ziehen (andere Seite entsprechend e und f).

Für Halsketten aus Lederbändern gibt es einen praktischen Knotenverschluß. Ausführliche Beschreibung siehe linke Seite.

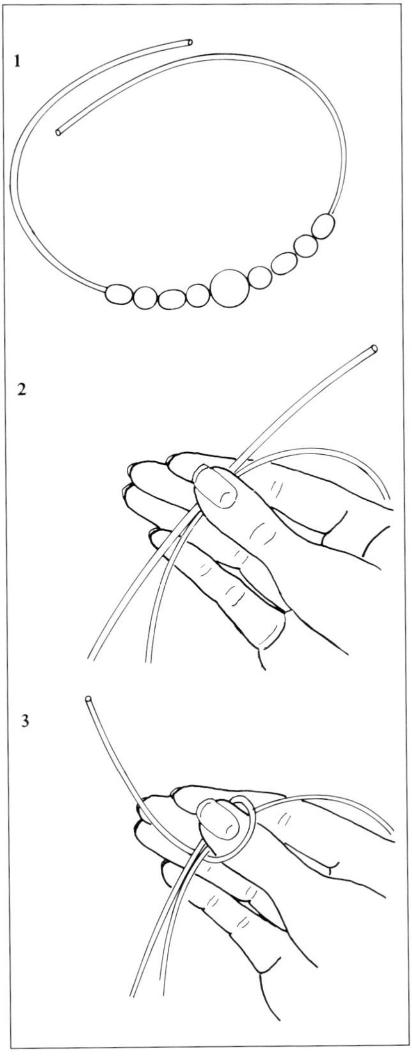

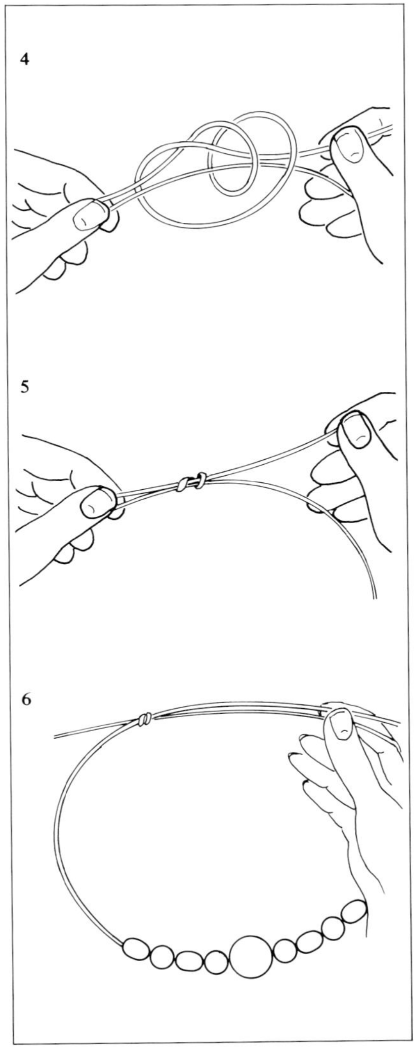

Verlängern und Verkürzen des Lederbandes. Beschreibung im Text.

Unten: Ein »Faulenzer« dient zur Fertigung mehrerer gleich geformter Teile.

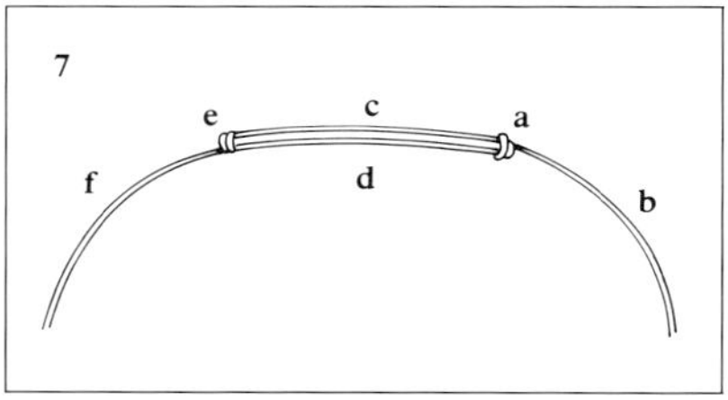

Verkürzen: den Knoten a festhalten, Band c ziehen (andere Seite entsprechend e und d).

Kniffe bei der Schmuckverarbeitung

Arbeiten mit Bändern und Schnüren

Bänder, Kordeln usw. sollten immer etwas länger abgeschnitten werden, um genügend Spielraum für eventuelle Knoten zu lassen.

Kordel-Enden werden vor dem Abschneiden mit Tesafilm umwickelt, damit sie nicht ausfransen.

Lederbänder sollte man nicht zu sehr beanspruchen, da sich ihre Oberfläche leicht abnutzt bzw. aufrauht und dann unschön aussieht.

Will man direkt hinter der letzten Perle einen Knoten anbringen, macht man zunächst eine lockere Schlaufe, steckt in diese eine Nadel und zieht damit die Schlaufe so zur Perle hin, daß sich dort der Knoten bildet.

Draht und Drahtarbeiten

Draht sollte man immer mit sauberen Händen bearbeiten, da er durch Fettspuren sehr viel schneller anläuft.

Etwas härter wird der Draht, wenn man ihn mehrmals durch den mit Silberputztuch abgeklebten Schraubstock zieht und dabei seitlich hin- und herdreht.

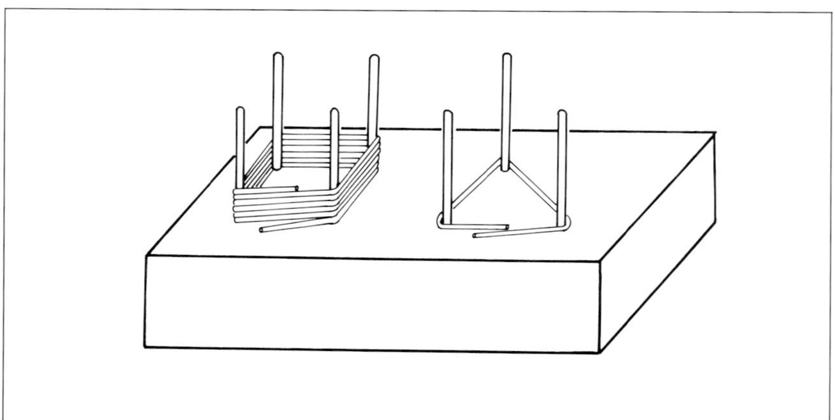

Trockengestell für gebohrtes Material.

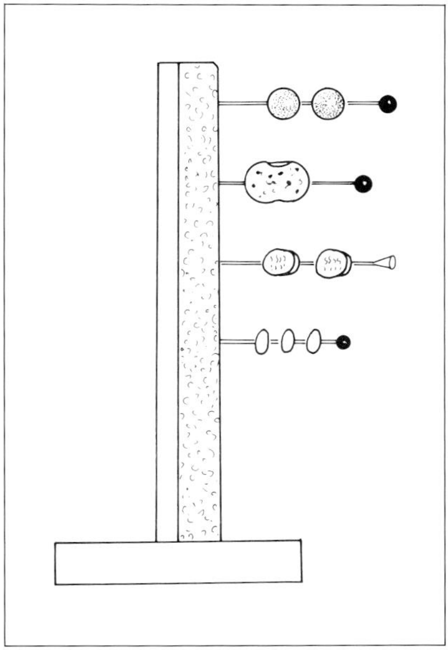

Drahtbiegen

Rundungen erhält man, indem man den Draht um eine Dose oder ähnliches wickelt – und zwar nicht nur einmal, sondern eineinhalb bis zwei Mal, damit der Draht auch an den Enden schön rund ist. Die überschüssigen Enden werden hinterher abgeschnitten.

Andere Formen, wie Dreiecke, kann man mit der Spitzzange biegen. Will man mehrere gleich große Stücke anfertigen, ist es zweckmäßig, sich einen sogenannten »Faulenzer« zu bauen. Er besteht aus einem Stück Holz, in das mehrere lange, dünne Stahlstifte in den erforderlichen Abständen ein- bzw. durchgeschlagen werden, so daß die Enden ohne Kopf auf der anderen Seite des Holzes wieder herauskommen. Die Spitzen werden glatt und rund geschliffen, damit man sich nicht an ihnen verletzt (oft werden statt der Stahlstifte Hartholzdübel empfohlen, die man aber nicht unter 3 mm Durchmesser bekommt und die somit zu dick für schöne Ecken sind). Der Draht wird nun um die Stifte herum gebogen, und zwar indem man ihn mit der geriffelten Zange festhält. Die dadurch verkratzten Drahtenden werden hinterher abgezwickt, müssen also vorher entsprechend in die Drahtlänge mit einkalkuliert werden. Nach dem Biegen läßt sich das Drahtgebilde problemlos über die Stifte nach oben abziehen.

Lackieren

Einige Naturmaterialien wirken lackiert noch schöner und werden durch den Lack zusätzlich geschützt. Geeignet sind Kunstharz- oder Nitrolacke. Letzterer riecht zwar unangenehm und ist ungesund, härtet aber schneller aus. Gut eignet sich auch Zaponlack, der besonders widerstandsfähig ist. Er ist in Geschäften für Künstlerbedarf erhältlich.

Lackieren mit dem Pinsel kann man sich meist sparen – Eintauchen tut's auch. Dann braucht man allerdings eine entsprechende Trockenvorrichtung. Zum Aufhängen gebohrter Materialien verwende ich zum Beispiel ein Gestell, das ursprünglich für Besteck vorgesehen war. Oder man bastelt ein kleines Holzgestell, das, mit Styropor oder Kork beklebt, als Mini-Pinwand dient. Gebohrtes Material wird auf Nadeln gezogen und zum Trocknen in die Pinwand gesteckt. Ungebohrte Stücke sollten beim Trocknen nur an einigen wenigen Punkten aufliegen. Hierfür kann man sich eine dem »Faulenzer« ähnliche Vorrichtung bauen. Je nach

Frisch lackierte, ungebohrte Stücke sollten zum Trocknen nur an wenigen Punkten aufliegen.

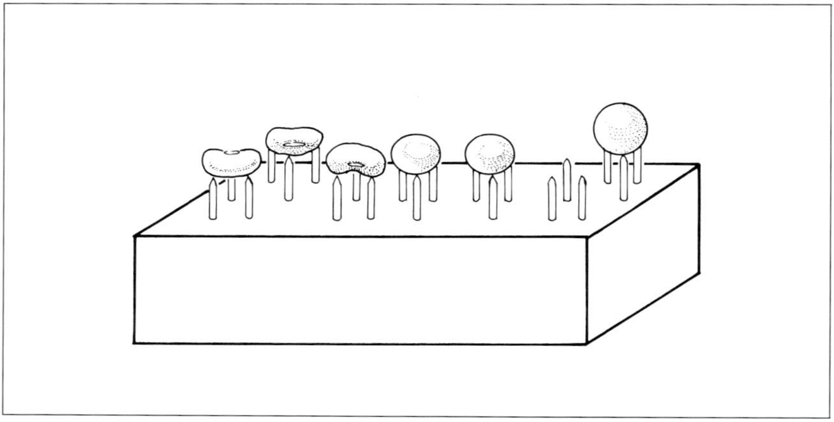

Bedarf verwendet man mehr oder weniger Nägel, die am besten in verschieden großen Dreiecken angeordnet werden, auf die man dann die Materialien zum Trocknen auflegen kann (siehe Zeichnung oben).

Die beim Tauchlackieren entstehenden Tropfen entfernt man mehrmals in Abständen von zwei bis drei Minuten vorsichtig mit einem Zahnstocher.

Löcher bohren

Samen oder Perlen, die für den Schraubstock zu klein sind, kann man beim Bohren zwischen den mit Textiltesa abgeklebten Backen einer geriffelten Zange halten.

Viele Materialien sind so glatt, daß man mit dem HSS-Bohrer zunächst abrutschen würde; man muß daher mit der Spitzfräse oder der Spitze eines Holzbohrers ein kleines Loch vorbohren.

Sollen durchgehende Löcher gebohrt werden, so ist es ratsam, diese nicht auf einmal zu bohren, da man auf der anderen Seite meist an der falschen Stelle herauskommt, und die Ränder des Bohrloches unschön aufreißen können. Man bohrt vielmehr von beiden Seiten her bis ungefähr zur Mitte, so daß die beiden Bohrungen schließlich zusammenstoßen und damit ein durchgehendes Loch entsteht. Das klappt oft nicht aufs erste Mal – dann muß man mehrmals bohren (eventuell mit dem Bohrer etwas »hin- und herruckeln«), bis die beiden Löcher aufeinandertreffen.

Löcher, in die Kettelstifte oder ähnliches eingeklebt werden, sollte man immer etwas zu knapp bohren – für Draht mit 1,2 mm Durchmesser wird man also einen Bohrer mit 1,0 mm Durchmesser verwenden. Sollte das Loch dadurch zu klein werden, kann man es durch mehrmaliges Bohren um eine

Idee erweitern. Am günstigsten ist es, wenn das Loch so eng ist, daß der Draht nicht gleich hineinrutscht, sondern eventuell mit der Spitzzange noch hineingedrückt werden muß.

Für sehr harte Materialien, wie die Birnceder und die Hakea-Frucht, ist die 12-Volt-Bohrmaschine eigentlich zu schwach: Der Bohrer bleibt leicht stecken, was sich aber vermeiden läßt, wenn man die Bohrmaschine mit starkem Druck kurz in das Material hineinführt, gleich wieder bewußt herauszieht und so das Ganze ein paarmal wiederholt. Besser wäre grundsätzlich eine Ständerbohrmaschine, die in allen Schreinereien, manchmal auch in Heimwerker-Haushalten vorhanden ist.

Metalle reinigen und polieren

Silber läßt sich hervorragend mit dem Silberputztuch reinigen. Es gibt auch Tauchbäder, die man nur bei starken Verunreinigungen benötigt und die wesentlich teurer sind; ebenso ist Messing zu putzen, sofern es nicht zu sehr angelaufen ist. In diesem Fall tut Stahlwolle der Stärke 000 gute Dienste. Sie ist allerdings nur für Messingdraht geeignet, auf dem feine Kratzer nicht auffallen. Für größere Messingteile verwendet man besser eine Lösung aus etwa einem Viertel Liter Essig und einem Teelöffel Salz, in die man das Messing etwa 20 bis 30 Sekunden lang eintaucht. Anschließend wird das Teil mit Wasser abgespült und mit dem Silberputztuch poliert.

In einem Werkzeugkatalog einer Schmuckfirma wird als Anlaufschutz für Metalle folgende Mischung empfohlen: Ein Teil Paraffin, 3 Teile Petroleum mischen, auf das Metall streichen und abputzen. Dieser Überzug ist unsichtbar und zugleich haltbarer als Zaponlack, den es fertig zu kaufen gibt und der nur einen begrenzten Anlaufschutz garantiert.

Metalle schleifen

An den Kanten von Metallteilen rutscht man beim elektrischen Schleifen leicht ab. Deshalb sollte man zum Beispiel die Klebeflächen von Ohrclips immer von der Mitte nach außen hin schleifen und dort den Bohrer abheben, damit er nicht auf die Vorderseite rutscht und diese verkratzt.

Schleifen und Sägen mit der Minikreissäge (Trennscheibe)

Bei diesen Arbeiten sollte man immer eine Schutzbrille tragen und das Material in einen Schraubstock einspannen. Bei harten Materialien wird die Säge gleichzeitig fest in das Material gedrückt und in Laufrichtung der Zahnung gezogen.

Löten

In den meisten hier beschriebenen Fällen ist Löten gar nicht möglich oder überflüssig. Manchmal wird man aber doch gerne zum Lötkolben greifen, wenn zum Beispiel die Öse am Bügel eines Ohranhängers nicht verrutschen soll und wenn eine Klebestelle zu sehr auffallen würde oder nicht haltbar genug wäre.

Da keine Edelmetalle verwendet werden, kommt man mit dem Weichlöten aus und braucht sich mit dem wesentlich schwierigeren Hartlöten mit Silberlot nicht zu befassen.

Für die Verarbeitung von Silber- oder Golddraht mit Kupferkern sowie Messing genügt ein einfacher elektrischer Lötkolben mit 30 bis 50 Watt. Dazu braucht man einen Lötdraht, Stärke 0,5 bis 1,0 mm, in dem das benötigte Flußmittel (Lötfett) bereits enthalten sein sollte. Als Lötunterlage kann man ein ausrangiertes Holzbrett verwenden (das bei kurzem Kontakt mit der heißen Lötspitze zwar verkohlt, aber nicht brennt); es gibt aber auch spezielle temperaturfeste Gummimatten.

Der Einsatz des Lötkolbens ist zum Löten kleiner Punkte meist etwas zu breit, man kann ihn aber mit einer groben Metallfeile zu einer feinen Spitze zurechtschleifen.

Damit die Lötspitze sauber bleibt, wischt man sie öfter an einem mit Wasser vollgesogenen Schwamm ab bzw. reinigt sie von Zeit zu Zeit mit der groben Metallfeile.

Vor Beginn der eigentlichen Lötarbeit wird die gesäuberte und aufgeheizte Lötspitze mit einem Tropfen Lötdraht (Lötzinn) verzinnt. Überschüssiges Lötzinn wird am nassen Schwamm abgewischt, so daß die Lötspitze nur mit einer dünnen Schicht überzogen ist. Mit der verzinnten Spitze wird nun die zu lötende Metallstelle, die vorher gereinigt wird, damit sie fett- und staubfrei ist, angeheizt. Fängt das Metall an zu dampfen, ist es heiß genug und der Lötdraht kann aufgelötet werden. Reicht das Zinn nicht aus, wiederholt man den Vorgang; andererseits sollte man darauf achten, daß man nicht zuviel Lötzinn aufträgt. Sollte dies doch einmal passieren, kann man das überschüssige Zinn mit einer Entlötsauglitze bzw. größere Mengen mit einer Entlötsaugpumpe wieder entfernen (Lötkolben und Entlötsaugpumpe erhält man für etwa 20 Mark in Elektronikergeschäften).

Um die zu lötenden Teile in der richtigen Position zu halten, kann man sich entsprechende Vorrichtungen selbst bauen – etwa ähnlich dem Faulenzer. Für die winzigen Ösen sägt man eine Vertiefung in ein Stück Holz, so daß die Öse zur Hälfte darin stehen kann und man auf der anderen, herausragenden Hälfte den Lötpunkt anbringen kann (natürlich so, daß man die Öse hinterher auch noch auf- und zubiegen kann). Verschiedene und größere Stücke kann man auch in eine Schale mit kleinen Perlen stellen (wenn man nicht so viele Perlen hat, tun es auch kleine Samen, wie die vom Gelbsenf) – die kleinen Kügelchen halten einerseits das Teil in Position und sind andererseits flexibel genug, um sich unterschiedlichsten Formen anzupassen. Es gibt auch spezielle Montagehalter mit verstellbaren Greifarmen, die bei häufigen Lötarbeiten den selbstgebastelten Vorrichtungen natürlich vorzuziehen sind.

Nun müssen die beiden mit je einem Tropfen Lötzinn versehenen Teile noch miteinander verbunden werden. Dazu bringt man das größere Teil in eine stabile Position und hält dann mit einer Pinzette das kleinere Teil über die Lötstelle. Die heiße Lötspitze hält man nun dazwischen, wodurch das Zinn nochmals zu fließen beginnt, drückt die beiden Teile schnell zusammen und hält die Verbindung so lange zusammen, bis das Lötzinn erkaltet bzw. fest ist (das dauert etwa fünf Sekunden). Nach dem Erkalten wird die Lötstelle glatt geschliffen, so daß man möglichst wenig davon sieht.

Auch beim Löten ist entsprechende Vorsicht geboten: Abgesehen von der heißen Lötspitze wird die Hitze über das ganze Metallteil geleitet und man kann sich ernsthafte Verbrennungen zuziehen, wenn man das Teil vor dem Erkalten berührt.

Brandmalerei (Pyrografie)

Mit demselben Lötkolben kann man – natürlich ohne Lötzinn – auch Muster oder Linien in hölzerne Materialien einbrennen.

Will man die Brandmalerei allerdings in größerem Umfang ausüben, empfiehlt sich die Anschaffung eines Lötkolbens mit höherer Leistung (100 Watt) und auswechselbaren Löt- bzw. Brennspitzen.

Beflämmen

Mit einer Gas-Lötlampe kann man verschiedene verholzte Materialien, wie die *Hura crepitans*, beflämmen, das heißt dunkelbraun bis schwarz einfärben. Anschließend wird das Material poliert oder lackiert.

Doch nun genug der Theorie, wenden wir uns der Praxis zu – es warten viele faszinierende Pflanzen darauf, zu Schmuck verarbeitet zu werden!

Einfache Schmuckstücke

Schreiten wir also zur Tat – sicher sind inzwischen einige Materialien, das nötige Werkzeug sowie Zubehör besorgt und der Kopf sprüht von Ideen, die verwirklicht werden wollen.

Auf den folgenden Seiten werden die verschiedensten, für die Schmuckverarbeitung geeigneten Pflanzen zunächst vorgestellt. Von manchen gibt es Wissenswertes zur Botanik, zur Geschichte oder zur mythologischen Bedeutung anzumerken.

Daran anschließend wird die Anfertigung von Schmuckstücken aus diesen Materialien in Beispielen beschrieben – angefangen mit leichteren, bis hin zu schwierigeren Stücken am Ende des Buches.

Die technischen Beschreibungen sind relativ knapp gehalten, da sich bei der Schmuckanfertigung viele Handgriffe wiederholen – es wird daher in einigen Fällen auf die entsprechenden allgemeinen Kapitel verwiesen. Die Materialangaben beziehen sich immer auf ein Stück, bei Ohrschmuck ist folglich zu verdoppeln, wenn ein Paar gefertigt werden soll.

Ohranhänger aus Lagurus

Dieses Samt- oder Ziergras *(Lagurus ovatus)* aus dem Mittelmeergebiet mit hasenschwanzähnlicher Rispe, deshalb auch »Hasenschwanzgras« genannt, englisch Hare's-tail oder Rabbit-tail, gibt es – verschieden gefärbt – in vielen Blumengeschäften zu kaufen. Unübertroffen in seiner Leichtigkeit, eignet es sich gut für einen zarten, beschwingten Ohranhänger. Das Gras ist aber trotzdem relativ stabil, und man müßte schon einige Gewalt anwenden, um es zu zerlegen.

Der lange Stiel des Lagurus wird entsprechend der doppelten oder dreifachen Länge einer Silberhülse mit einer Blumen- oder sonstigen Schere abgeschnitten und zwei- oder dreimal umgeknickt. Er wird in die Hülse geklebt, dabei verspreizt sich der Stengel, so daß auch ein wenig Klebstoff nach unten auf den Stielansatz bzw. das Gras fließt. Die Silberhülse wird etwas in die Rispe gedrückt und von oben her ein ebenfalls gekürzter Kettelstift eingeklebt. Nach dem Trocknen wird die Öse des Kettelstiftes mit der Spitzzange aufgebogen und in den Ohranhänger eingehängt. Fertig ist ein aparter, sommerlicher Ohr-»Schmeichler«.

Ohrschmuck aus den Fruchtständen des Lotos

Wohl das bekannteste und faszinierendste exotische Trockenmaterial ist der Fruchtstand der Lotosblume. In Ägypten »nénuphar« – die Schöne – genannt, wird sie als die Königin der Blumen verehrt und ist Sinnbild des Nils und der Fruchtbarkeit. In Japan, China und Hinterindien dient die Lotospflanze als Nahrungsmittel. Staubblätter, Blätter, Blattstengel – alle Teile können dazu verwendet werden. Auch ihre stärkehaltigen Rhizome (Wurzelstöcke) werden roh oder gekocht gegessen, geröstet, gebraten oder getrocknet und gemahlen. Die Samen, auch »Lotos-Bohnen« genannt, haben einen höheren Nährwert als Getreide und erin-

Unten: Beschwingte Ohranhänger aus gefärbtem Hasenschwanzgras, Lagurus ovatus.

nern geröstet an den Geschmack von Kastanien. Nach einem uralten Mythos sollen sich die Griechen als »Lotophagen« (Lotosesser) sogar vorwiegend von Lotos ernährt haben.

Somit hat der Lotos eine jahrtausendalte Tradition: Nach ägyptischem Mythos ist die Lotosblume aus dem Urwasser entsprossen und Sinnbild für Schönheit, Reinheit, Sonne und ewiges Leben – die in den Pharaonengräbern gefundenen Mumien hielten oft eine Lotosblüte in der Hand, als Zeichen des ewigen Lebens.

Brahma und Buddha wurden stets auf einem Thron aus Lotosblüten dargestellt. Auch im heutigen Indien spielt die Lotosblume eine Rolle als Symbol für das Höhere Selbst: Die Wurzeln wachsen in schlammiger Erde, die Stiele stoßen durch das Wasser, die Blüte entfaltet sich in der Luft und spiegelt sich im Wasser wider – Verkörperung des Selbst, das zu Höherem erwacht.

Hindus sehen in den Blütenblättern die Umrisse von Zentralindien und in den Blättern die der umgebenden Provinzen.

Von den indischen Lakshmi werden Lotosblumen als heilig verehrt und ihre Nüsse zu Perlenketten verarbeitet.

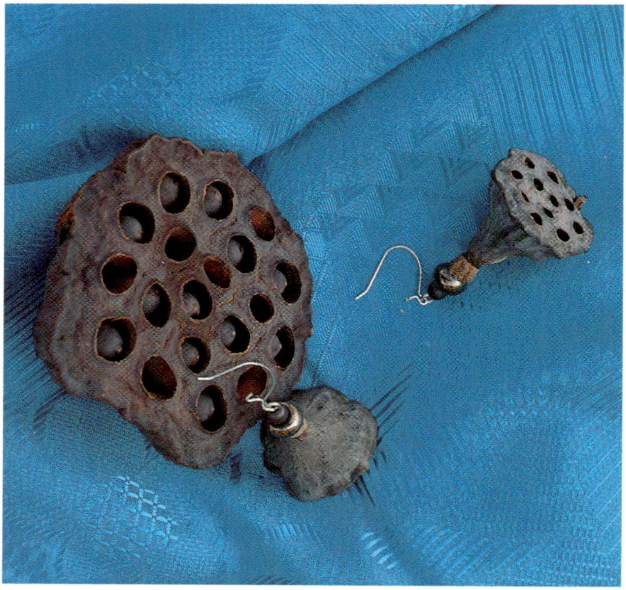

Ohranhänger aus Fruchtständen des Lotos.

In Japan ist die weiße Blume Sinnbild für den erlösten Geist. Auch im Alten Testament erhält der Lotos seine Würdigung: Im Paradies ruhen die Glückseligen auf Lotosblüten.

Botanisch gehört die Lotosblume, *Nelumbo nucifera*, zur Familie der Seerosengewächse (Nymphaeaceae), die sowohl in Asien, als auch in Australien und Amerika verbreitet sind. Der verholzte Fruchtstand wird fälschlicherweise oft als Lotos-Frucht bezeichnet – die eigentlichen Früchte bzw. Nüsse, die auch die Samen enthalten, befinden sich aber innerhalb der Löcher des kegelförmigen Gewebes. Dieses ungewöhnliche Gebilde ist im Laufe der Evolution aus zusammengewachsenen Staubfäden entstanden und enthält die weiblichen Fortpflanzungsorgane.

Die Früchte sind übrigens auch wegen ihrer Langlebigkeit bemerkenswert: Im Jahre 1850 brachte ein gewisser Sir Robert Brown 150 Jahre alte Früchte zum Keimen. Und 1924 gelang dem japanischen Paläobotaniker Onga sogar die Keimung tausendjähriger Früchte. Die Früchte stammten aus den Torfablagerungen von Manchuria, deren Alter man schon seit langem durch Messungen genau bestimmen kann.

Ohrclip und Ohranhänger

Wer wird sich nicht wie eine Königin fühlen – mit einem Ohrclip oder Ohranhänger aus dem Fruchtstand der Königin der Blumen?

Lotos-Fruchtstände gibt es in verschiedenen Größen überall, wo Trokkenblumen geführt werden, zu kaufen. Für unsere Zwecke eignen sich natürlich die etwas kleineren Fruchtstände am besten.

Für die Ohrclips werden die Fruchtstände mit der Trennscheibe (Minikreissäge) halbiert bzw. gedrittelt. Es soll noch etwas von dem inneren, weichen Gewebe übrig bleiben, damit erstens die Früchte nicht herausfallen, zweitens die Platine des Clips nicht durchscheint und drittens eine ausreichende Klebefläche vorhanden ist. Man wird also immer mit etwas Ausschuß rechnen müssen, bis der Lotos in der richtigen Größe zugeschnitten ist, zumal auch der Umfang nicht immer zu dem des Ohrclips paßt. Zuletzt wird der Lotos auf die angerauhte Platine des Clips geklebt.

Besonders reizvoll sind Lotos-Ohranhänger mit den bei Bewegung leise klappernden, aus den Löchern hervorspitzenden Früchten. Der abgebildete Ohranhänger wird folgendermaßen gearbeitet: Den Stiel schneidet man mit der Blumenschere oder der Trennscheibe ab. Dann wird ein 0,8 bis 1,0 mm starkes Loch in die Mitte des Stielansatzes gebohrt und ein Kettelstift zusammen mit einer galvanisierten (angerauhten) Schmuckperle ein- bzw. aufgeklebt. Nach ausreichender Trokkenzeit wird die Öse des Kettelstiftes in die des Ohranhängers eingehängt.

Ohrschmuck aus verschiedenen Pflanzenteilen

Die folgenden Schmuckstücke sind auf Seite 54 abgebildet.

Knoblauch

Knoblauch schmeckt nicht nur gut – wenn man alle Zehen in der Küche verwendet hat, bleibt der blü ten kopf ähnliche (nicht riechende) Knollenboden übrig, aus dem man sich einen leichten, sommerlichen Ohrclip machen kann. Die Unterseite des Bodens ist gewölbt und ziemlich hart und muß daher zum Aufkleben auf den Clip plan geschliffen werden. Die Klebefläche des Clips wird ebenfalls etwas angerauht (im Foto oben links).

Knopfblume

Die zierliche Knopfblume findet man – in verschiedenen Farben – in vielen Blumengeschäften; ebenso *Agrostis*, das Straußgras (englisch Bent Grass), ein feines Gras, das im abgebildeten Beispiel zwischen Knopfblume und Clip geklebt wurde – farbmäßig und gestalterisch das i-Tüpfelchen dieses Ohrclips (im Foto oben Mitte).

Korallfrucht

Die leuchtend roten Korallfrüchte (siehe Seite 72) sind auch in einfacher Aufmachung sehr apart. Da die Samen fast rund und sehr hart sind, kommt man hier nur mit Schleifen nicht sehr weit, das heißt, man muß etwa ein Drittel des Samens mit der Trennscheibe absägen. Allerdings ist es nicht ganz einfach, dabei den zur Clip-Platine passenden Durchmesser zu erwischen, zumal der Same beim Sägen in einen Schraubstock eingespannt werden muß: Sitzt er zu tief, kann man fast nichts absägen, sitzt er zu hoch, springt er leicht heraus. Natürlich kann man dann noch mit der Schleifspitze nachschleifen bzw. Unebenheiten ausgleichen (im Foto 4. der oberen Reihe).

Farntriebe

Die gerollten Farnwedelaustriebe bestechen durch ihre dekorativen organischen und ganz unterschiedlichen Formen. Hier handelt es sich offenbar um einen exotischen, weiß behaarten Farn mit schwarzen, sehr harten Trieben, der im Blumengroßhandel fast nicht aufzutreiben ist. Für den Ohrclip wurden die harten Triebe mit der Trennscheibe abgesägt und anschließend plan geschliffen (im Foto oben rechts).

Billy's Button

Es ist kaum zu glauben, daß es sich bei der gelben Kugelblume, die unter dem Namen Billy's Button im Handel ist, um natürliches Material handelt. *Craspedia uniflora*, wie sie mit ihrem botanischen Namen heißt, blüht – gelb oder weiß und ohne Blütenblätter – in Tasmanien sowie den gemäßigten Gebieten Australiens und Neuseelands.

Die Blütenköpfe sind fest und bis unten hin geschlossen, so daß man die kleineren nur plan schleifen und auf den Ohrclip zu kleben braucht (im Foto Mitte links). Von den größeren sägt oder schleift man das untere Drittel mit dem Stielansatz ab. Nach dem Aufkleben auf die Clip-Platine kann man die Blütenköpfe noch tauch-lackieren.

Holzrose

Äußerlich sehr zerbrechlich sind die Holzrosen (im Handel unter den Namen Haiti-, Hawaii- und Honolulu-Rose; botanisch *Merremia tuberosa*; englisch Wood-Rose, Ceylon-Morning Glory, Rosa de Medera), Früchte eines Windengewächses aus den Tropen

Rechts: Sommerliche Ohranhänger aus Nistem-Blättern.

Linke Seite: Ohrclips wie sie nicht jeder hat: Knoblauch, Knopfblume, Korallfrucht, Farntrieb, Billy's Button, Holzrose und Mexican (jeweils von links nach rechts).

Süd-Amerikas, Afrikas und Indiens. Sie haben allerdings ein hartes Innenleben: Die wunderschönen schwarzen und teilweise samtigen Samen lassen sich zu vielerlei Schmuckstücken verarbeiten – hier zu zwei einfachen, aber elegant wirkenden Ohrclips (im Foto Mitte rechts). Die Samen werden geschliffen und auf einen Clip mit kleinem Durchmesser geklebt.

Mexican

Bei den im Handel unter der Bezeichnung Mexican befindlichen sogenannten Zapfen, handelt es sich gar nicht um solche, sondern um abgeschnittene und zurechtgestutzte Fruchtböden von *Protea neriifolia*.

Ob man die, wie mexikanische Hütchen wirkenden, kleineren oder größeren »Zapfen« als Ohrclips verwendet, ist Geschmacksache. Ansonsten hat man nur vom Boden ein Stückchen abzusägen, plan zu schleifen und auf den Clip zu kleben (im Foto unten).

Nistem

Frühling und Sommer sind in dem duftigen Schmuck vereint, der aus den Blättern eines Hartlaubgewächses gefertigt ist. Die etwa 40 cm langen, dicht mit Blättern bewachsenen Stengel bekommt man in verschiedenen (wasserfesten) Farben hauptsächlich im Floristengroßhandel, aber auch in einigen Blumengeschäften mit Trockenblumen-Sortiment.

Die Blätter sind relativ flexibel und stabil, man darf sie nur nicht einreißen. Für Ohranhänger werden die Blätter mit dem Stielansatz in eine Lederkalotte oder Perle geklebt. In die Perle

Halsreif mit Nistem-Blättern an Perlseide locker aufgehängt. Dazwischen verschiedene Scheiben, Hülsen und Perlen.

muß dann in das obere Loch natürlich noch ein Kettelstift geklebt werden. Für den Ohranhänger in der Abbildung (Mitte) wurde zusammen mit dem gelben Nistem-Blatt ein zartes, mit Goldfäden durchzogenes Plexiglas-Blatt als Verzierung in die Perle eingeklebt. Dazu mußte das Loch der Holzperle mit einem 3,5 mm Holzbohrer erweitert werden.

Für den Halsreif (Abbildung links) wurde statt Kettelstiften Perlseide in die Perlen geklebt, die am anderen Ende verknotet und in Quetschkalotten befestigt werden. Diese können an den Ösen direkt an dem Halsreif aufgereiht werden. Verschiedene Scheiben, Hülsen und Perlen, unregelmäßig verteilt, unterstreichen die lockere Note. Die Quetschperlen als Abschluß an beiden Enden der Reihe werden aufgeklebt.

Jacaranda

Die mimosenblättrigen Bäume (*Jacaranda mimosifolia*, englisch Sharpleaved Jacaranda) aus der Familie der Bignoniaceae werden in Afrika, Südamerika, Indien und wärmeren europäischen Regionen, wie Portugal, für Parks und Straßenbepflanzung verwendet. Nicht nur wegen ihrer leuchtendblauen bis türkisfarbenen, rispigen Blütenstände sind die Jacaranda beliebt, sondern vor allem auch wegen des sogenannten Palisander-Holzes, das der bis zu zehn Meter hohe Stamm liefert. (Echtes Palisander stammt von einem anderen Baum).

Die eigenartigen Früchte, die auch unter dem Namen »Froschmaul« im Handel sind, lassen sich nicht nur für Trockengestecke verwenden. In Südafrika werden die dünnen, aber sehr harten Fruchthälften in kleine Stückchen zersägt, farbenfroh bemalt und zu Ohranhängern verarbeitet.

Die meist halb geöffneten Früchte für die auf Seite 18 oben abgebildeten Ohranhänger wurden vorsichtig auseinandergebrochen (dabei fallen oft Dutzende von Samen heraus), so daß an einer Fruchthälfte oben genug »Fleisch« bleibt, um ein Loch hineinbohren zu können. Die Bruchkante wird geschliffen. Dazu passen besonders gut die farblich ähnlichen Kokosperlen.

Xylia xylocarpa

Eine ähnlich ausgefallene Form besitzt *Xylia xylocarpa*, eine Leguminosen-Frucht, die bei uns unter den Bezeichnungen »Bolsa« oder »Elefantenohr« im Handel ist (auch Jambea, englisch Burma pyingado genannt).

Die Frucht hat tatsächlich große Ähnlichkeit mit einem Elefantenohr und besticht durch ihre »weiblichen« Rundungen sowie die helle Innen- und dunkle Außenseite. Die 5 bis 20 cm großen Fruchthälften mit dem typischen gedrehten Fruchtstiel stammen vom etwa 30 m hoch werdenden Quebrachobaum, der unter anderem in Afrika, Asien, Südamerika und Birma beheimatet ist und im 19. Jahrhundert und noch zu Anfang des 20. Jahrhunderts ein bedeutender Gerbsäure-Lieferant war.

Für Ohrschmuck werden auch die Xylia-Früchte halbiert, die Bruchkanten geschliffen, ebenso die Fruchtstiele, so daß sie direkt in eine Lederkalotte geklebt werden können (Abb. Seite 18 Mitte).

Natürlich kann man Jacaranda und Xylia auch im Ganzen verwenden, sofern sie nicht zu groß sind und eine ansprechende Form haben.

Pinien-Samen

Pinien kennt jeder, der jemals ein Mittelmeerland bereist hat. Näheres zur Botanik und Geschichte ist auf Seite 84 zu lesen.

Die Samen haben reizvolle schwarze Längsstriche, die sich jedoch nur auf der Oberfläche befinden und daher leicht abgehen. Deshalb wurde der Same für den Ohranhänger mit dem bereits durchgezogenen Nietstift tauchlackiert. Für diesen Zweck wird der Nietstift umgebogen und am Haken zum Trocknen aufgehängt. Danach wird der Stift wieder geradegebogen, eine weiße Holzperle aufgezogen, das Stiftende zur Öse gebogen und mit der Öse eines durch eine schwarze Holzhülse gezogenen Kettelstiftes verbunden (Abb. Seite 18 unten links).

Hiobsträne

Die Hiobsträne (*Coix lacryma-jobi*, englisch Job's Tears) ist ein beliebtes Schmuckmaterial in den Tropen der Alten und Neuen Welt, wo vor allem Halsketten, oft kombiniert mit Muscheln, daraus hergestellt werden. Die harten, weißen bis bleifarbenen Früchte haben ihren Namen daher, daß sie wie Tränen von den Grashalmen herabhängen. Die Chinesen schreiben ihnen Zauberkräfte zu.

Für den Ohranhänger wird in das vom Stielansatz her bereits vorhandene Loch (manchmal muß man auch etwas nachbohren) ein Kettelstift mit zwei Keramikscheiben geklebt und wie üblich mit den weiteren Schmuck-Komponenten verbunden (Abb. Seite 18 unten Mitte).

Rizinus

Der *Ricinus communis*, die Christpalme, ist ein aus den Tropen Afrikas und Indiens stammendes Wolfsmilchgewächs mit großen, schildförmigen, fünf- bis siebenlappigen Blättern, das inzwischen auch in unseren Breitengraden heimisch geworden ist. Die bohnengroßen, weiß-, hell- bis rötlichbraun gescheckten Samen (auch Tigerbohnen oder Purgierkörner genannt) sind im Frühjahr und Herbst in jedem Gartencenter erhältlich, allerdings abgepackt in Tüten, so daß man beim Kauf nicht sehen kann, ob die Samen schön genug sind. Allerdings ist die gesamte Pflanze giftig, also auch die Samen, die neben dem Rizinusöl (Arzneimittel, technisches Öl) auch Rizin enthalten, das als Gift wirkt, wenn es durch die Samenhülle austritt bzw. in größeren Mengen genossen wird.

Bei der Anfertigung der Ohranhänger ist daher darauf zu achten, daß man die teilweise recht brüchigen Samenhüllen nicht verletzt. Der wulstige Nabel sollte deshalb sorgfältig mit der Trennscheibe abgeschnitten werden, nicht mit der Blumenschere (Abb. Seite 18 unten rechts).

Creolen mit verschiedenen Materialien.

Zierliche Creolen aus verschiedenen Materialien

Wie auf Seite 40 beschrieben, kann man Creolen selbst biegen oder fertig kaufen. Als »Perlen« wurden für die Creolen in der Abbildung rechts verschiedene Samen verwendet.

Die rotbraune, sogenannte Glücksbohne, eine Banksia-Art der Proteengewächse, die in Dritte-Welt-Läden erhältlich sind und die angeblich zehn kleine weiße Elefanten enthält, wurde oben aufgeschnitten und mit einem weißen, elfenbeinartigen Aufsatz versehen. Ob sich darin tatsächlich zehn Elefanten befinden, wäre noch nachzuprüfen – oder man muß eben daran glauben (oben links).

Gelbe Maiskörner werden in Nordamerika gerne zu Halsketten aufgereiht. Hier wurde nur ein Korn mit dem winzigen Korn des Erdbeermaises kombiniert, das wie ein Tropfen herunterhängt. In dieser Größenordnung kann man natürlich nicht mehr bohren, deshalb ist das kleine Korn einfach in ein entsprechend großes Loch des gelben Maiskornes eingeklebt (oben Mitte).

Beim Kochen kommt man auf allerlei Ideen: Eigentlich als Gewürz vorgesehen, hat der Sternanis (*Illicium anisatum*, englisch Japanese Anise Tree) auch eine wunderschöne Form, weshalb er oft in Gewürzsträußen oder Kränzen verwendet wird. Aber auch eine einzelne, aufgeplatzte Hülle mit dem herausblitzenden Samen hat ihren Reiz. Das Loch zum Aufreihen wird gleichzeitig durch Hülle und Samen gebohrt (oben rechts).

Auf die selbst gebogene Creole wurden der schwarze Afzelia-Same ohne Samenmantel sowie ein Samenkorn von *Abrus precatorius* (siehe Seite 79) aufgezogen und festgeklebt (unten rechts).

Die farbenfrohe Creole unten links besteht aus kurzen, mit der Blumenschere abgeschnittenen Stengeln der Nistem-Zweige, die weich sind und sich daher leicht bohren lassen.

Creole mit schwarzen und weißen Bohnen

Bohnen sind in vielen Ländern der Welt sowohl in der Küche beliebt, als auch als Schmuckmaterial.

Man kann die Bohnen natürlich in beliebiger Menge beliebig anordnen. Für die Creole auf Seite 60 wurden sie zusammen mit verschiedenen Abstands- und Abschlußperlen aufgereiht. Damit die Bohnen in der Mitte

Ohrschmuck aus Bohnen und Mohnkapseln.

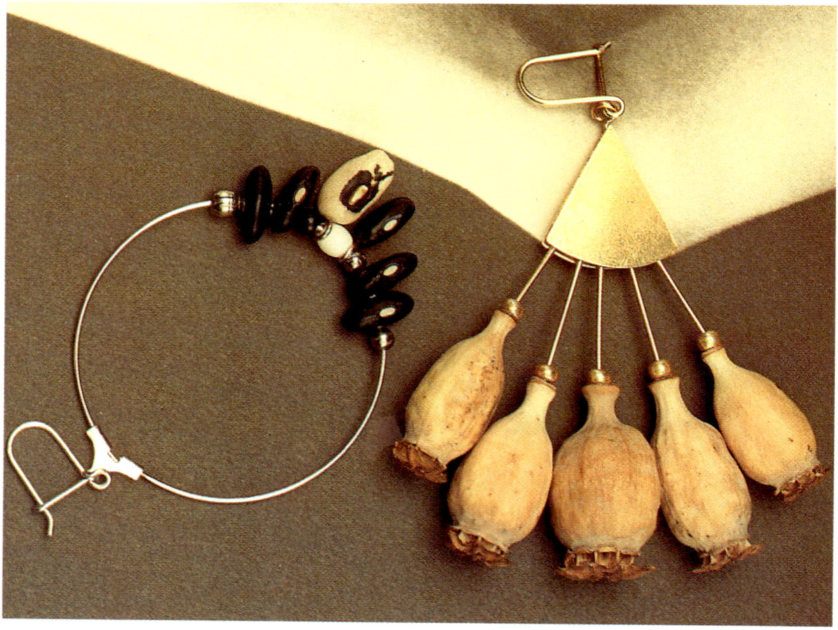

etwas weiter herunterhängen, wurden von oben her Löcher gebohrt und entsprechend gekürzte Kettelstifte eingeklebt. Die restlichen Bohnen wurden von der Seite her ganz durchbohrt: die beiden Bohnen am Rand auf halber Höhe, die anschließenden im oberen Drittel. Diese Bohnen kann man dann direkt aufreihen. Sie sollten aber festgeklebt werden, damit sie in der richtigen Position bleiben.

Ohranhänger aus Mohnkapseln

Allgemein bekannt ist der Mohn (*Papaver*, englisch Poppy), der mit seinen roten, seidenartigen Blüten unsere Sommer verzaubert. Die Mohnkapseln werden heute meist aus asiatischen Ländern eingeführt und dürfen nur noch entmorphiniert verkauft werden. Der Schlafmohn hat eine lange Tradition: Mit Girlanden aus Mohn schmückte sich die griechische Gestalt Nox (Nacht), und Morpheus, der griechische Gott des Schlafes, wurde stets mit einer Mohnblume dargestellt. Die samenreiche Mohnpflanze ist aber auch ein Fruchtbarkeitssymbol, wie die Beziehung zwischen Mohn und Demeter, der Erdgöttin, bezeugt. Nach einem alten deutschen Aberglauben schütte-

Kuschi-Früchte als Ohranhänger, einmal einfach, einmal doppelt verarbeitet.

ten sich die Dorfmädchen am Heiligen Abend Mohnkörner ins Mieder: War die Christmette vorbei, eilten sie nach Hause, um ihre Leibchen zu lockern und je nachdem, wieviele Körner herausfielen, so viele Freier sollten sich einstellen. Auch als Arzneipflanze ist der Mohn bekannt: Bereits in der Antike stellte der Arzt Dioskurides Opium her, das als Arzneipille Schmerz lindern, Schlaf bringen und Unterleibsschmerzen beseitigen sollte.

Für den Ohranhänger auf Seite 60 entfernt man die Stengel entweder mit der Blumenschere oder der Trennscheibe. Wichtig ist, daß die Schnittfläche gerade ist. Löcher kann man mit der Nadel einstechen oder bohren. Das Gestänge besteht aus abgelängten, 1 mm starken Messingdrähten, die einzeln bis zum Boden der Kapseln eingeklebt werden. Die Verzierung aus kleinen Glasperlen kann man gleichzeitig mit aufkleben – dazu reicht der Klebstoff, der durch das Einkleben der Drähte automatisch nach oben geschoben wird. Das Ganze muß einige Zeit trocknen und inzwischen werden die Messingplättchen (fertig zugeschnitten aus dem Perlengeschäft) vorbereitet: Beide Plättchen werden auf einer Seite geschliffen und zunächst eines davon relativ dick mit Klebstoff (nicht ganz bis zum Rand hin) eingestrichen. Man läßt etwas trocknen und arrangiert darauf die Messingdrähte, sowie an der oberen Spitze einen gekürzten Kettelstift. Damit die Messingdrähte plan aufliegen, müssen die Plättchen am unteren Ende mit einem Zahnstocher oder ähnlichem unterlegt bzw. erhöht werden. Wiederum läßt man trocknen, bis die Drähte nicht mehr verrutschen, dann erst wird das andere Plättchen deckungsgleich mit dem unteren aufgeklebt.

Kuschi-Frucht als Ohranhänger

Bei den intensiv gelben Kuschi-Früchten, deren Größe und Zeichnung oft stark variiert, handelt es sich sehr wahrscheinlich um die Frucht eines asiatischen Rautengewächses, einem kleinen bis mittelgroßen Baum mit scharfen Dornen und hellgrauer, dikker, korkiger Borke (siehe auch Seite

So wird der Ohrschmuck von Seite 61 zusammengefügt.

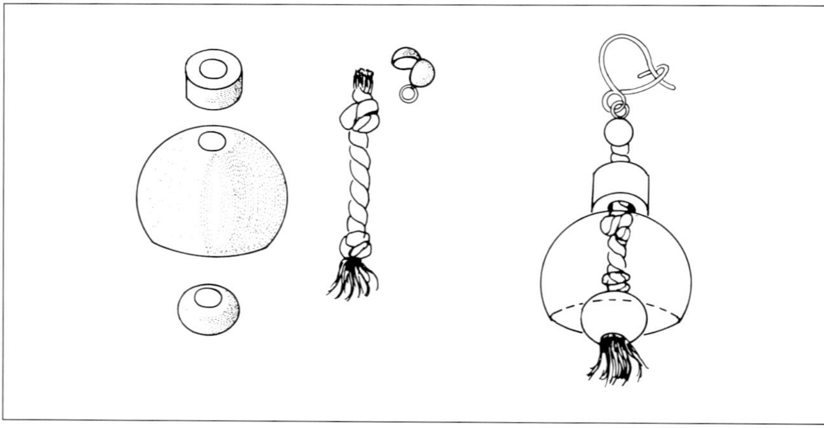

87). Die Schale von *Aegle marmelos* (Belbaum, englisch Bael fruit, golden apple, bell cup, Bengal quinze) ist völlig verholzt und meist sehr hart und widerstandsfähig, was man aber vor der Verarbeitung durch entsprechendes Zusammendrücken testen sollte.

Hält die Frucht dem Druck stand, schneidet man den Stiel ab und schleift den Stielansatz sowie den unteren Lochrand, der oft sehr uneben ist. In den Stielansatz wird nun – je nach Dicke der Kordel – ein 3 bis 3,5 mm großes Loch gebohrt. Von einem etwa 15 cm langen Stück Kordel wird das eine Ende mit Tesafilm umwickelt und am anderen Ende ein Knoten gemacht. Die Kordel wird durch die Keramikperle gezogen und der Knoten daran festgeklebt (nach dem Trocknen Kordelende auseinanderzupfen). Am anderen Ende der Kordel wird in etwa 2 bis 3 cm Abstand zur Perle ein zweiter Knoten angebracht und über die mit Tesa umwickelte Spitze wird die Kuschi-Frucht aufgefädelt, so daß sich der zweite Knoten somit als »Stopper« unter dem Loch befindet. Nun sieht man, ob die Keramikperle auf der richtigen Höhe hängt, also weder zu weit herausragt, noch zu weit in der Frucht steckt. Nachdem man diesen zweiten Knoten gegebenenfalls korrigiert hat, wird er unterhalb des Astloches festgeklebt. Nachdem alle Knoten gut getrocknet sind, wird das obere Ende der Kordel durch die Schmuckperle gezogen und diese auf dem Stielansatz der Frucht festgeklebt. Das Kordelende wird nach Wunsch gekürzt, dazu die beabsichtigte Schnittstelle nochmals mit Tesa umwickelt und in eine große Quetschkalotte geklebt.

Bei der doppelten Kuschi-Frucht wird im Prinzip genauso verfahren, mit dem Unterschied, daß erstens die Kordel etwa 5 cm länger sein muß; zweitens müssen die Stielansätze, die die

Enbe-Früchte und ihre Samen.

beiden Früchte verbinden, besonders gut und plan geschliffen werden, damit sie fest zusammenkleben.

Die Zeichnung auf Seite 62 zeigt die technischen Einzelheiten der Montage.

Einfach oder doppelt, das ist natürlich Geschmacksache, die beiden Ohranhänger lassen sich aber auch gut zu einem originellen Schmuckset kombinieren. Links eine, rechts zwei Kuschi-Früchte am Ohr – damit wird die Trägerin bestimmt einiges Aufsehen erregen.

Enbe-Früchte für Ohranhänger und Halskette

Eine besonders ausgefallene Form besitzt die sogenannte Enbe-Frucht, *Heritiera litoralis*. Sie stammt aus der Familie der Mangrovengewächse, die sich mit langen Stelzwurzeln in den sumpfigen Küstengewässern des Indischen und Pazifischen Ozeans verankern. Sehr gefragt ist das dauerhafte Stammholz dieser Bäume, die übrigens unzählige Bezeichnungen haben (zum Beispiel red mangrove, bois de table usw.). Die entenschnabelähnlichen Früchte, entstanden aus den fünf beieinanderstehenden weiblichen Blüten, bekommt man in verschiedenen Größen, Formen und Farbtönungen hauptsächlich im Floristengroßhandel, sie wurden aber auch schon auf dem Münchner Viktualienmarkt angeboten.

Enbe-Früchte sind wesentlich leichter als sie aussehen und eignen sich daher ausgezeichnet für ungewöhnliche Ohranhänger. Nach dem Entfernen des Stieles wird der Stielansatz plan geschliffen bzw. eine zur gewünschten Verzierung passende Vertiefung gefräst. Dann wird ein (knappes) Loch für den Kettelstift gebohrt, dieser wird durch eine oder mehrere Zierperlen gesteckt und zusammen ein- bzw. aufgeklebt. Wenn alle Klebearbeiten abgeschlossen sind, kann man die Frucht noch wachsen und polieren.

Eine reizvolle, urtümlich anmutende Halskette kann man aus dem Samen größerer Enbe-Früchte anfertigen. Man verwendet dazu weniger schöne Früchte, die als Ohranhänger ungeeignet sind. Um die Samen entnehmen zu können, muß die sehr harte Schale aufgesägt werden. Die Samen selbst sind relativ weich und lassen sich leicht verarbeiten. Im abgebildeten Beispiel wurden sie zusammen mit länglichen Messinghülsen auf ein braunes Lederband aufgereiht; die beiden letzten Hülsen wurden festgeklebt, die Lederenden in Lederkalotten befestigt und mit einem Federringverschluß verbunden.

Feuerbohnen für Ohranhänger

Um die Bohne ranken sich viele Sagen und Märchen. Aufgrund ihres schnellen Keimens und Wachstums schrieb man ihr schon in frühesten Zeiten magische Fähigkeiten zu. Daneben ist die Bohne eines der ältesten Nahrungsmittel – in der Schweiz fand man in Höhlen aus der Bronzezeit Spuren der Urbohne *Vicia faba*. Griechen und Römer betrachteten sie als Nahrung der Götter und auch in Ägypten galten Bohnen als heilig. Die nordamerikanischen Irokesen begehen noch heute jedes Jahr ein Bohnenfest, das umrahmt ist von kultischen Tänzen und Zeremonien. Bei den Hopi-Indianern gehören Bohnen zu den Frühlingsfesten und zur Knabenweihe. Und auch im deutschen Volksbrauch spielten die Bohnen bis vor nicht allzu langer Zeit eine Rolle: Am Dreikönigstag wurde derjenige zum Bohnenkönig erkoren, der die in einen Kuchen eingebackene Bohne fand.

Die Feuerbohne (*Phaseolus coccineus*, englisch scarlet runner bean) stammt ursprünglich aus den warmen Gebieten Amerikas, ist aber inzwischen auch in Europa heimisch geworden. Wer einen kleinen Garten hat, kann sie leicht selbst anbauen und wird sich vor der Ernte lange an den leuchtenden, feuerroten Blüten erfreuen. Die Farbe der Bohnenkerne variiert von Fleischrot, Violett bis zu Braun, jeweils mit mehr oder weniger schwarzen Sprenkeln, wobei es immer Glücksache ist, wirklich schön gezeichnete Bohnen zu bekommen.

Feuerbohnen sind übrigens giftig, wenn sie roh genossen werden.

Ohranhänger und Creole

Der Draht für den Ohranhänger mit der türkis-farbenen Keramikperle (in der Abb. rechts) wird mit der Spitzzange in die gewünschte Form gebogen. Um die Keramikperle bzw. Scheibe auf die Bohne kleben zu können, muß diese erst auf einer entsprechend großen Fläche plan geschliffen werden. Auch die Keramikperle wird etwas angerauht. Danach wird das Loch für den Draht gebohrt und dieser mit den Perlen ein- bzw. festgeklebt.

Mit vier schwarzen Holzhülsen und etwa 6 cm langen Kettelstiften läßt sich ein ganz raffinierter Ohranhänger herstellen: Die einzelnen Holzhülsen werden zunächst an den Längsseiten geschliffen und so zusammengeklebt, daß sie an der Unterkante einen geraden Abschluß bilden. Wer will, kann sie auch noch auf der Oberkante auf genau die gleiche Länge zurechtsägen. Für die Klebearbeit wird auf nur drei Hülsen und jeweils nur auf einer Seite wenig Klebstoff aufgetragen; man läßt etwas antrocknen und legt die Hülsen nebeneinander auf einen geraden Untergrund. Nachdem der Kleber etwas angezogen hat, werden die Klebeflächen zusammengefügt und mit der Unterkante wiederum an eine gerade, senkrechte Fläche angelegt. Diese Verbindung muß natürlich sehr gut trocknen (mindestens zwei Stunden), ehe man sie weiterverarbeitet.

Die Holzhülsen können nun noch lackiert werden, was besonders dann

Feuerbohnen für diesen Ohrschmuck kann man im Garten selbst anbauen.

Nächste Seite: Pangra-Samen mit einem Hauch von Südsee. Beschreibung der Schmuckstücke auf Seite 74.

angebracht ist, wenn trotz aller Vorsicht Klebstoff aus den Fugen herausquillt. Entsprechend der Breite der zusammengefügten Holzhülsen wird eine etwas größere Feuerbohne oben plan geschliffen und beides zusammengeklebt – dabei wird die Bohne am besten in einen Schraubstock eingespannt, damit die Holzhülsen schön gerade stehen und nicht auf die Seite kippen (öfter korrigieren).

Erst wenn der Kleber völlig ausgehärtet ist (nach 10 bis 12 Stunden), werden durch die Hülsen hindurch Löcher in die Bohne gebohrt. Hierzu ist ein Bohrer mit Überlänge erforderlich, den es nicht unter 1 mm Durchmesser gibt. Die Kettelstifte, die nur 0,8 mm Durchmesser haben, müssen deshalb sehr gut mit Klebstoff eingestrichen werden, damit sie in den etwas größeren Löchern halten.

Damit die Ösen der Kettelstifte nach dem Einkleben alle auf derselben Höhe sind, probiert man vorher aus, ob eventuell einige gekürzt werden müssen – die Stifte sollen bis zum Boden reichen, wodurch sich aufgrund der Wölbung der Bohne unterschiedliche Längen ergeben. Nach diesem Klebevorgang muß man wiederum längere Zeit warten, ehe man die Ösen der Kettelstifte mit einer einfachen Öse verbindet und mit dieser in den Ohranhänger einhängt.

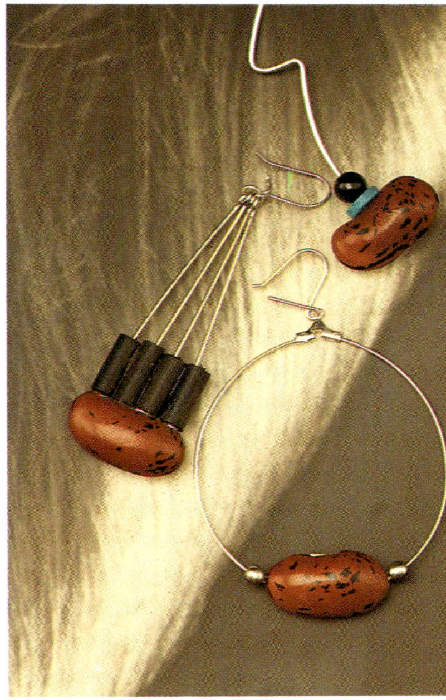

Eine recht aufwendige Arbeit, die sich aber durchaus lohnt! Während der langen Trocknungszeiten kann man noch schnell ein oder zwei Creolen machen wie auf der Abbildung gezeigt (Löcher mit dem Spitzfräser vorbohren!) oder seiner Phantasie freien Lauf lassen, indem man neue Schmuckstücke entwirft und ausprobiert.

Schmuck für Fortgeschrittene

Cane Spiral, gespaltener Bambus

Gespaltener und spiralig gedrehter Bambus eignet sich nicht nur aufgrund seiner besonderen Form, sondern auch wegen seiner Flexibilität hervorragend als Schmuckmaterial. Die normalerweise geraden Stücke wurden natürlich für Floristenzwecke entsprechend präpariert, was man aber auch leicht selber bewerkstelligen kann, indem man die Rohrspalten etwa zwei Stunden in Wasser einweicht, danach in der gewünschten Form fixiert, indem man sie um einen Stab oder ähnliches wickelt und Tesapack darüberklebt und einige Stunden trocknen läßt.

Ohranhänger und Halskette mit Messinghülse

Beschreibung zur Abbildung Seite 68: Zunächst werden die Enden der Spiralen sowie die der Messinghülse auf der Innenseite geschliffen. Für den Ohranhänger wird dünnes Ziegenlederband (1,5 mm Durchmesser) doppelt um das eine Ende der Spirale geknotet, so daß oben eine Schlaufe für die Aufhängung entsteht. Die zwei Enden des Leders werden zusammen mit der Spirale in die Messinghülse eingeklebt und der Knoten aufgeklebt. Das andere Ende der Spirale wird in die untere Öffnung eingeklebt.

Für die Halskette verwendet man ein etwas dickeres Lederband (2 bis 3 cm Durchmesser), das einfach durch die Messinghülse gezogen und zusammen mit den Spiralenden eingeklebt wird. Will man den auf Seite 42 beschriebenen, verstellbaren Verschluß mit zwei Knoten machen, muß das Band reichlich bemessen sein, also mindestens 70 cm lang, da nach dem Knoten ein Großteil abgeschnitten wird.

Weitere Schmuckstücke aus Cane Spiral sind auf Seite 108 beschrieben und abgebildet.

Wassernüsse als dekorative Anhänger

Die Wassernuß, *Trapa natans*, gab es in Deutschland bereits in der Jungsteinzeit, wie man durch Ausgrabungsfunde in Pfahlbauten nachweisen konnte. Heute wächst die einjährige Schwimmpflanze nur noch in kalkarmen Gewässern Europas (unter anderem in einem Wasserschutzgebiet des Rheins), Mittelafrikas und des gemäßigten Asien. Am Lago Maggiore stellt man aus ihren »Nußfrüchten« Rosenkränze und Halsketten her.

Der Name Trapa hat seinen Ursprung wahrscheinlich im englischen bzw. französischen trap bzw. trappe, da die vier zur Fruchtzeit verdornenden, weit abstehenden Kelchblätter Ähnlichkeit mit im Schlamm verankerten Fußangeln haben. Der in Deutschland übliche Handelsname »Teufelskralle« paßt zwar gut zu der gefährlich aussehenden Frucht, hat aber weder etwas mit der hiesigen Blume zu tun, noch mit der aus der Kalahari stammenden Teufelskralle *Harpagophytum procumbens*, einer Pflanze, die ebenfalls furchterregend aussieht, aber wesentlich größer ist und tatsächlich Tiere töten kann.

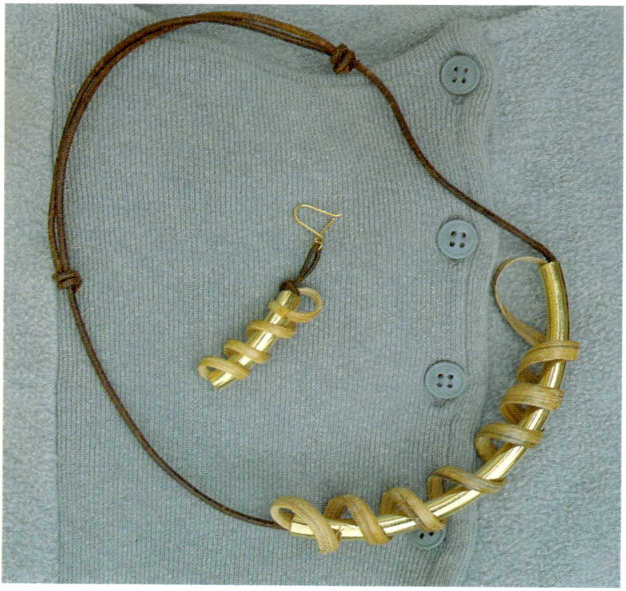

Cane Spiral. Schmuck aus gespaltenem und gedrehtem Bambusrohr.

Ohranhänger und Halskette

Legt man nicht unbedingt Wert auf »Punk«-Schmuck, entfernt man am besten zwei der vier Dorne der Wassernuß, vor allem, wenn sie nach außen stehen. Manchmal lassen sie sich mit einer Zange oder der Blumenschere abzwicken, ohne daß der Fruchtkörper beschädigt wird. Sicherer ist es aber, sie mit der Minikreissäge zu entfernen. In jedem Fall ist die Schnittstelle gut zu verschleifen. Die anderen beiden Dorne kann man nach Belieben kürzen oder schleifen. Meist haftet an den Nüssen noch etwas Schlammerde, die man mit Flüssigwachs beseitigen kann – anschließend wird poliert.

Die im Handel erhältlichen Wassernüsse sind meist angestielt, der Stiel läßt sich aber leicht herausziehen, so daß man gleich ein Loch für die Aufhängung hat. Das Loch läßt sich gegebenenfalls noch mit dem 3 mm Bohrer erweitern. Der Lochrand wird plan geschliffen. Dann werden jeweils dünne Stückchen Lederband (für die Ohranhänger doppelt) zusammen mit einer Zierperle in die Früchte und oben in die Kalotten geklebt (Abb. rechte Seite).

Die Messingspirale für die Halskette mit dem Lederband fertigt man folgendermaßen an: Das Ende eines etwa 60 cm langen und 0,8 mm dicken Drahtes wird zusammen mit einem Holz- oder Metallstab von etwa 0,5 cm Durchmesser in das Bohrfutter der Bohrmaschine eingespannt. Dann wird der Draht langsam und ohne Zwischenraum um den Stab gewickelt – gleichzeitig wird die Bohrmaschine in die andere Richtung gedreht (natürlich von Hand). Hat man etwa 10 cm aufgewickelt, zieht man die Spirale ab und etwas auseinander. Da man diese Spirale schlecht reinigen kann, bekommt sie einen Anlaufschutz aus Zaponlack. Mit einem Bindfaden auf

Ähnlichkeit mit Teufelskrallen haben die harmlosen Wassernüsse.

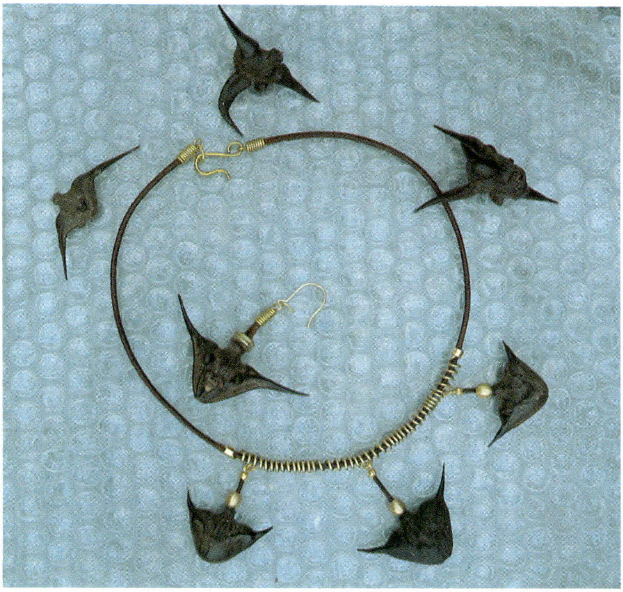

beiden Seiten wird sie in den Lack getaucht und daran zum Trocknen aufgehängt. Damit der Lack gut abläuft und sich nicht zwischen den einzelnen Spiralen festsetzt, ist mehrmals umzuhängen und die Lacktropfen sind öfter mit einem Zahnstocher zu entfernen.

Nachdem der Lack getrocknet ist, wird das Lederband durch die Spirale gezogen und die Spiralenden werden zusammen mit dem Lederband in zwei kleine Messinghülsen geklebt. Die vorbereiteten Wassernüsse werden nun mit den Ösen an der Spirale eingehängt und Lederkalotten, Haken und Öse als Verschluß angebracht.

Annona und Birnceder vielseitig verarbeitet

Die geschuppte, verholzte Frucht der in frischem Zustand äußerst wohlschmeckenden *Annona squamosa* (Zimt- oder Rahmapfel, Süßsack; englisch Custard, Sugar-Apple, Sweetsop) ist bei uns unter dem Namen Ata-Frucht erhältlich. Ihre Heimat ist Afrika und Asien, wo der Strauch als Nutzpflanze angebaut wird, sowie das tropische Süd- und Mittelamerika, wo – vor allem auf Honduras – die braunen, ovalen Samen der Früchte zu Halsketten verarbeitet werden.

Angenehm samtig ist die Oberfläche der Birnceder *(Xylomelum pyriforme)*, einer australischen Feuerpflanze aus der Familie der Proteaceen, deren Früchte jahrelang am Baum hängen, bevor sie sich öffnen und die wie ein Leopardenfell gescheckten Samen ausfallen lassen.

Halsketten, Broschen und Ohrclip

Beide Früchte sind meist zu groß und dick, als daß man sie im Ganzen verarbeiten könnte. Man muß sie deshalb

Die samtige Oberfläche der Birnceder schmeichelt jeder Hand. Daneben die schwarze Annona.

Annona-Früchte in verschiedenen Ausführungen.

halbieren bzw. kleinere Stücke davon absägen. Da die Früchte außerdem sehr hart sind, läßt man sie am besten vom Schreiner mit der Découpirsäge teilen, notfalls geht es aber auch mit der Laubsäge.

Für die Halsketten verkleidet man die Rückseite der aufgeschnittenen Früchte mit einem Stück starkem Leder: Man streicht zunächst die Frucht mit Lederkleber ein und macht davon einen Abdruck auf der Rückseite des Leders. Dann nimmt man die Frucht wieder ab und streicht beides nochmals entlang der Konturen ein. Nach zehn bis zwanzig Minuten Trockenzeit wird die Frucht aufgesetzt und mehrmals kurz, aber stark angedrückt. Nach einigen Stunden ist der Kleber ausgetrocknet und das überstehende Leder wird mit einem Grafikermesser entlang der Konturen der Frucht abgeschnitten – dabei hält man das Stück in der linken Hand und neigt das Messer nach hinten, um eine schöne, schräge Schnittkante zu bekommen.

In die Birnceder werden daraufhin von beiden Seiten her mit dem 3,5 mm-Holzbohrer je drei Löcher im Abstand von etwa 1 cm gebohrt. Da die Früchte äußerst hart sind, eignet sich eine Ständerbohrmaschine am besten dazu; aber auch der kleine Elektrobohrer schafft es gerade noch, wenn man ihn während des Bohrens mehrmals stückchenweise und mit aller Kraft hineindrückt, bewußt wieder herauszieht, wieder hineindrückt usw. Hier muß man natürlich unbedingt mit einem Schraubstock arbeiten, das Material sehr fest einspannen und das Ganze gut festhalten. Bleibt der Bohrer doch einmal stecken, muß man sofort abschalten und den Bohrer von Hand herausdrehen.

Die Löcher sollen natürlich durchgehend sein, also muß von beiden Seiten her so lange gebohrt werden, bis sie in der Mitte zusammenstoßen. Dann werden die flachen Bänder (aus dem Wollgeschäft) mit einer Stopfnadel – entweder alle auf einmal oder einzeln – durch die Löcher gezogen und die Bandenden in Tulpen geklebt (siehe Seite 41). Als Verschluß eignet sich am besten ein Federring- oder Steckverschluß, weniger ein Schraubverschluß, mit dem sich die Bänder zu sehr verheddern würden (siehe auch hierzu das Technik-ABC Seite 30 und 36).

Die Rückseite der für die Brosche vorgesehenen Birnceder braucht man nicht unbedingt mit Leder abzukleben, da es genügend große Platinen gibt, die

fast die ganze Fläche der Frucht abdekken. Dasselbe gilt für die Annona, deren abgesägte Stücke man direkt auf Ohrclip- oder Broschen-Platinen aufkleben kann. In der Abbildung oben ist sie verziert mit verschiedenen Perlen, die in entsprechend tief gefräste Löcher geklebt werden.

Relativ einfach, aber nichtsdestoweniger wirkungsvoll ist die schwarzbraun gemusterte Annona-Kette (Abbildung linke Seite). Ein Teil der schwarzen Schuppen wird dazu weggeschliffen, so daß die hellbraune Innenseite zum Vorschein kommt – ein natürlicher, interessanter Kontrast. Je nach Geschmack kann man die Frucht noch lackieren, nun allerdings mit dem Pinsel – würde man sie vorher tauchlackieren, müßte man den Lack vor dem Aufkleben des Leders erst abschleifen.

Etwas schwieriger ist die Variante mit den aufgeklebten Annona-Samen, Perlen und Hülsen. In die Frucht müssen passende Vertiefungen geschliffen oder gefräst und die einzelnen Schmuck-Komponenten (ebenfalls geschliffen) immer wieder einander zugeordnet und angepaßt werden. Da passiert es leicht, daß man zuviel weggeschliffen hat und nun keine passende Verzierung mehr findet. Das heißt, man tut gut daran, nicht alles auf einmal schleifen und kleben zu wollen, sondern sich in Geduld zu üben und nach und nach, Stück für Stück abwechselnd zu schleifen, zu kleben, wieder zu schleifen, zu kleben usw. Eine aufwendige Angelegenheit, die am Ende mit einem außergewöhnlich individuellen Schmuckstück belohnt wird, das in der gleichen Form nicht wiederholbar ist.

Korallfrüchte in leuchtendem Rot

Die leuchtend rot-gelben Korallfrüchte, auch Ziegenaugen genannt, deren Herkunft die Autorin bisher nicht eindeutig klären konnte (eventuell handelt es sich um Samen einer Ormosia- oder Pimpernuß-Art oder um Samen von *Areca catechu*), lassen sich zu verschiedensten, äußerst dekorativen Schmuckstücken verarbeiten. Das Fruchtfleisch ähnelt dem der getrockneten Kastanie, und die harte Schale erhält durch Wachsen und Polieren zusätzlich Leuchtkraft.

Die Korallfrüchte waren nur kurze Zeit im Handel und sind zur Zeit kaum erhältlich.

Natürlich gibt es noch viele andere Gestaltungsmöglichkeiten, im folgenden sind, sozusagen nur als Anregung, ein paar Schmuckstücke von ganz unterschiedlichem Charakter beschrieben und nebeneinander auf den Seiten 72 und 73 abgebildet.

Zwei Halsketten

Die Kette mit neun aneinandergereihten Samen wurde folgendermaßen hergestellt: Alle Samen werden mit dem 1 mm-Bohrer ganz durchbohrt. Von etwa 30 cm Nylonfaden der Stärke 0,35 oder 0,5 mm wird ein Ende durch das Loch einer kleinen Quetschkalotte gezogen, verknotet und eingeklebt. Auf das lange Ende des Fadens werden nun die Samen, abwechselnd mit gewölbten, anthrazitfarbenen Metallscheiben, aufgefädelt und am anderen Ende der Faden dicht hinter der letzten Scheibe

verknotet sowie in die zweite Quetschkalotte geklebt.

Verlängert wird die Kette auf beiden Seiten mit je zwei, etwa 10 cm langen Stoffbändern, deren Enden in Rundlederenden eingeklebt wurden. Diese werden durch Ösen mit den beiden Quetschkalotten sowie einem Federringverschluß verbunden.

Die Halskette mit den im Dreieck angeordneten Korallfrüchten ist eine andere Möglichkeit für ein apartes und ausgefallenes Schmuckstück. Durch die gebohrten Samen werden hier – horizontal – 1 mm starke Messingdrähte gezogen und an den Enden genügend Spielraum für die zu biegenden Ösen gelassen. Zunächst werden nur beim letzten, unteren Samen die Ösen gebogen, durch die eine etwa 60 cm lange Kordel so gezogen wird, daß sie oben doppelt liegt. Dann erst werden die Ösen der oberen Samenreihen um die beiden Kordeln herum gebogen, und

Leuchtende Korallfrüchte in allen Variationen der Schmuckverarbeitung.

zwar relativ eng, damit die Samenreihen nicht verrutschen. Damit ist die Kette schon fast fertig, abgesehen vom Verschluß. Er besteht, auf dem Foto allerdings nicht sichtbar, aus zwei Tulpen mit einem etwas größeren Federringverschluß (Kettenverschlüsse siehe Seite 41).

Auch der schlichte Halsreif mit nur einer Korallfrucht als Anhänger hat seinen Reiz. In den Samen wird ein möglichst kleines Loch gebohrt und auf der Oberseite eine kleine Fläche (passend zur Holzhülse) plan geschliffen. Durch die schwarze Holzhülse wird ein Nylonfaden gezogen, auf der einen Seite in das Loch des Samens und auf der anderen mit einem Knoten in eine große Quetschkalotte geklebt.

Ohranhänger

Der dreieckige Ohranhänger (in der Abbildung oben, ganz rechts) wurde aus 1,2 mm Silberdraht gebogen, und zwar mit der Spitzzange oder um den Faulenzer (siehe Seite 44). In den Samen bzw. dessen Nabel wird ein 1 mm starkes Loch gebohrt und zusammen mit einer kleinen schwarzen Glasperle auf das untere Drahtende gesteckt und festgeklebt. Der Same soll genau in der Mitte bzw. auf der Längsachse des Ohranhängers sitzen. Auf das obere Drahtende klebt man eine schwarze Glashülse, wobei man vorher probieren sollte, ob der Durchmesser auch paßt, da das Glas leicht springt, wenn die Hülse zu eng ist. In die Spitze wird eine Öse eingehängt oder angelötet (siehe Seite 47).

Variante: Der Same wird auf das obere Drahtende geklebt und aus der unten angebrachten Glashülse läßt man ein kleines Stück Silberkettchen heraushängen, das am Ende mit einer schwarzen Glasperle verziert wird (oben links).

Halsreif

Für den Halsreif benötigt man sechs verschieden lange Silberkettchen, die am einen Ende in Perlen oder Hülsen, und zur Aufreihung am Halsreif, in Quetschkalotten geklebt werden; ein kurzes Kettchen trägt den Samen. Die Länge der Kettchen ist natürlich variabel, das heißt abhängig hauptsächlich von der Größe der Korallfrucht und der Hülsen. Bevor man mit dem Kleben beginnt, legt man sich daher am besten erst einmal alles auf dem Tisch zurecht. Nachdem alles eingeklebt ist, werden die einzelnen Anhänger zusammen mit etwas größeren Quetschperlen als »Abstandshalter« am Halsreif aufgereiht. An den beiden Enden der Reihe werden kleine Quetschperlen als Abschluß aufgeklebt.

Schmuck-Set aus Pangra-Samen

Riesenbohnen ähneln die Pangra-Schoten aus den tropischen Strandwäldern Afrikas und Südostasiens, die bis zu zwei Meter lang werden können. Der Name »Pangra« wird von den Eingeborenen Bengalens benutzt, es gibt aber an die zwanzig weitere Bezeichnungen, wie Sankt Thomas Herzen, Meeresbohnen, englisch Cuban heart, climbing entada usw.

Die Pflanze, mit ihrem wissenschaftlichen Namen *Entada phaseoloides*, ist ein immergrüner Kletterer, der bis zu 30 Meter Höhe erreicht, mit dreigeteilten, großen Blättern und weißen, kleinen Blüten ähnlich der Erbse, oft umschlungen von Lianen. Seine Heimat ist das tropische Afrika, die Samen werden aber durch ozeanische Meeresströmungen Tausende von Kilometern verdriftet, so daß man sie fast überall auf der Welt an den Meeresstränden findet.

Aus den bis zu zehn Zentimeter großen, ledrig glänzenden, meist runden, ovalen oder herzförmigen Samen fertigen die Eingeborenen die verschiedensten Gebrauchsgegenstände wie Tabak- und Parfümbüchsen, Löffel, Zündholzschachteln und vieles mehr. Die zerstoßenen Samen dienen auch als Medizin gegen Schlangenbisse. Zu schönen, dicken Halsketten werden die außergewöhnlichen Samen vor allem in der Südsee verarbeitet.

Halsreif, Halskette und Brosche

Der dekorative Pangra-Same, dessen glänzende Oberfläche an Kastanien, aber auch an Leder erinnert, bietet sich für Schmuck geradezu an. Der Same ist allerdings ziemlich schwer, so daß er sich hauptsächlich für Ketten und Broschen eignet, weniger für Ohranhänger oder Clips.

Eine kleine Auswahl an Verarbeitungsmöglichkeiten wird im folgenden beschrieben und in der Abbildung Seite 66 gezeigt.

Für den Halsreifen benötigt man einen hohlen Messingstab (Eisenwarengeschäft), der mit der Laubsäge und einem feinen Metallsägeblatt auf eine der Breite des Samens entsprechende Länge zugeschnitten wird. Die Enden des Stabes werden auf 80er und 180er Schleifpapier abgekantet und innen mit der Rundfeile versäubert. Man kann mit Zaponlack tauchlackieren – dazu einen Faden durch den Stab ziehen, eintauchen, Lack ablaufen lassen und horizontal aufhängen (mit dem Zahnstocher weitere Tropfen entfernen und Stab öfter drehen, damit der Faden nicht festklebt).

Der Pangra-Samen wird gewachst und poliert. Gegenüber dem vom Anstielen an den Nabel meist bereits vorhandenen Loch wird ein zweites gebohrt; der Same ist innen hohl, so daß man nicht allzu tief bohren muß. Nun wird das Lederband durch den Samen gezogen und in die Löcher eingeklebt. Da der Lochdurchmesser größer als der des Lederbandes ist, klebt man zusätzlich eine kleine braune Glasperle zur Verstärkung in das Loch. Der Messingstab wird mittig auf einen Halsreif gesteckt und die mit viel Klebstoff versehenen Lederenden werden in den Stab eingeschoben, und zwar so, daß auch der Halsreif mit festgeklebt wird.

Kniffliger und arbeitsaufwendiger ist die Halskette mit den Glöckchen. Diese gibt es in Bündeln von etwa zehn Stück fertig zu kaufen – für die Kette benötigt man drei bis vier solcher Bündel, die sich je nach Bedarf auch teilen lassen. In den Pangra-Samen bohrt man nun sechs bis acht sehr kleine Löcher in verschiedenen Abständen (je nachdem, wo die Glöckchen dann in die Öse eingehängt werden sollen) und klebt entsprechend gekürzte Kettelstifte ein bzw. preßt sie mit der Zange in die möglichst knappen Löcher. Sie müssen besonders gut trocknen und dann werden in die Ösen der Kettelstifte die Messingglöckchen eingehängt. Damit die Form stimmt, müssen die Glöckchen untereinander mit Ösen verbunden bzw. geteilt werden – deshalb schüttelt man das Ganze öfter, um zu sehen, ob sich bei Bewegung irgendwo Kahlstellen bilden oder die Glöckchen zu sehr nach hinten fallen. Ist alles in Ordnung, bohrt man seitlich Löcher für die Lederbänder. Der Nabel bzw. das möglicherweise bereits vorhandene Loch wurde in diesem und auch im nächsten Beispiel der Form halber nach oben verlagert, wo es von Glöckchen bzw. einer Perle verdeckt wird.

Das nächste Stück ist noch kniffliger zu arbeiten, auch wenn es gar nicht unbedingt danach aussieht. Für die Anordnung der Perlen auf der Brosche macht man sich am besten vorher einen Entwurf, da diese sehr abhängig von der jeweiligen Form des Samens ist. Man benötigt mindestens einen, besser aber mehrere Rundfräsköpfe, die etwa der Größe der Perlen entsprechen. Rundfräsköpfe sind normalerweise lieferbar mit 0,6 bis 5,0 mm Durchmesser. Besitzt man nur einen Fräskopf mit kleinem Durchmesser, muß man natürlich entsprechend länger fräsen. Beim Fräsen gibt es mehrere Schwierigkeiten: einerseits müssen die Löcher tief genug sein, damit man die in den Perlen vorhandenen Löcher nicht mehr sieht, andererseits aber nicht zu tief, sonst »versinkt« die Perle. Außerdem rutscht man mit den Fräsen auf dem glatten Material sehr leicht ab, was unschöne Kratzer hinterläßt. Die Löcher werden im Durchmesser schnell zu groß – man muß also bei jeder Perle immer wieder probieren, ob sie in das Loch paßt. Ist man schließlich mit dem Design zufrieden, schleift

Hakea-Früchte aus der Familie der Proteaceen, einmal zierlich verarbeitet zu Ohrschmuck und Halskette (links) und zu einer üppigen Kette (rechts).

man den Samen auf der Rückseite plan und klebt ihn auf die Broschen-Platine.

Halsketten und Ohrschmuck aus Hakea-Früchten

Hakea sericea (benannt nach Baron von Hake, der im 18. Jahrhundert Minister in Hannover und großer Förderer der Botanik war) stammt aus der Familie der Proteaceen (Silberbaumgewächse), von deren über eintausend Arten nur ein Bruchteil, hauptsächlich aus Australien und Südafrika, zu uns gelangt. Die in der Floristik sehr beliebten Protea-Arten sind meist baumartige Hartlaubsträucher mit immergrünen, seidenglänzenden, blaugrün behaarten Blättern und bis zu 28 cm großen, meist rosafarbenen Blütenköpfen, die Ähnlichkeit mit einer Artischocke haben.

Die Zeichnung der aufgesprungenen, verholzten Kapselfrucht von *Hakea sericea* wirkt wie eine verschiedenfarbige Holzmaserung in den fein abgestuften Farbtönungen Hell-, Mittel- und Dunkelbraun – für europäische Augen eine wirklich ungewöhnliche »Frucht«!

Die – bereits aufgesprungenen – Früchte bekommt man im Handel noch an den Ästen hängend, so daß man sie selbst abschneiden und an den Schnittflächen entsprechend verschleifen muß. Lackiert werden sie je nach Art der Verwendung vor oder nach der Verarbeitung.

Kleinere Fruchthälften, speziell die, deren Rückseite nicht so schön gezeichnet ist, kann man gut zu Ohrclips verarbeiten. Meist braucht man den Boden nur etwas plan zu schleifen und auf die Platine zu kleben. Mit dem aufgeklappten Clip kann man sie dann tauchlackieren.

Ohranhänger

Für den Ohranhänger in der Abb. links wurde eine mittelgroße Fruchthälfte mit schöner Zeichnung auch auf der Rückseite verwendet. Etwa 17 cm eines 1,2 mm starken Silberdrahtes werden um eine Dose mit 3 cm Durchmesser gewickelt, und zwar eineinhalb Mal, damit er an dem Ende, an dem er abgezwickt wird, auch noch eine schöne Rundung hat. Je nachdem, an welchem Ohr man den Anhänger tragen will, wird nun ein 1 mm starkes Loch (für Silberdraht von 1,2 mm oben etwas ausweiten) auf der rechten Seite für den linken Ohranhänger bzw. auf der

linken Seite für den rechten Ohranhänger gebohrt, der Silberdraht eingeklebt und am Ende des Ringes mit einer kleinen Silberperle verziert. Nun kann man die Frucht noch tauchlackieren (am Silberdraht zum Trocknen aufhängen). Die Verbindung zum Anhänger wird durch eine Öse hergestellt, die weder zu klein sein darf, damit man sie noch gut um den Silberdraht auf- und zubiegen kann, noch zu groß, damit sie nicht über die Abschlußperle rutscht (Durchmesser also etwa 3 mm, wobei hier die Größenangaben immer relativ sind, da von den verschiedenen Firmen auch immer verschiedene Größen geliefert werden). Noch günstiger ist es, besonders in diesem Fall, die Öse anzulöten (siehe Seite 47), damit sie nicht verrutscht (wie es hier auf dem Foto passiert ist).

Zwei Halsketten

Benötigt man mehrere Hakea-Früchte, wie für die beiden folgenden Halsketten, so lackiert man erst, nachdem die Löcher gebohrt wurden (auch diese Früchte sind übrigens sehr hart, was besonders dann ins Gewicht fällt, wenn man sie ganz durchbohren will – Bohrtechnik siehe Seite 46). Wenn man also viele Früchte auf einmal lackieren will, baut man sich eine einfache Vorrichtung aus zwei Schraubhaken in etwa 60 cm Abstand, an denen der Nylonfaden mit den Früchten aufgehängt werden kann (genügend Zeitungen unterlegen!). Der etwa 80 cm lange Nylonfaden wird zunächst mit einer Schlaufe zum Aufhängen versehen, dann werden die Früchte aufgereiht und auf der anderen Seite wird wiederum eine Schlaufe angebracht und in den Haken eingehängt. Der Faden sollte nicht zu sehr durchhängen, aber auch nicht zu straff gespannt sein, damit die Früchte nicht zusammenkleben und beweglich bleiben. Nun werden die Früchte nacheinander in den in eine Schüssel umgefüllten Lack getaucht. Wenn die Früchte aneinanderstoßen, schiebt man sie mit der Spitze eines Zahnstochers auseinander, verrutscht sie überhaupt öfter, damit sie auch nicht am Nylonfaden festkleben und entfernt einige Male die sich immer wieder bildenden Lacktropfen.

Für die Kette mit den Lederbändern (Seite 76) wurden sechs in Größe und Zeichnung zueinanderpassende Früchte ausgesucht. Im oberen Drittel der Früchte wurden vor dem Lackieren mit dem Holzbohrer 3,5 mm starke Löcher gebohrt; abwechselnd mit Messinghülsen werden sie dann auf zwei verschiedenfarbige Ziegenlederbänder (1,5 mm Durchmesser, Länge etwa 40 cm) aufgereiht, und zwar am besten von beiden Seiten her jeweils drei Früchte, damit das Lederband nicht zu sehr strapaziert wird. Die beiden Messinghülsen am Ende der Reihe werden festgeklebt, die Kette nochmals angepaßt und die Lederbänder gegebenenfalls gekürzt. Eines davon sollte etwa 0,5 cm kürzer als das andere sein, damit zwischen den Bändern ein kleiner Zwischenraum entsteht und die Kette schöner fällt. Nun werden die Lederenden in Kautschukenden eingelegt, mit der Spitzzange zugedrückt – erst eine Seite, dann die andere etwas darüber – und mit einem Steckverschluß verbunden.

Für die große Kette (Abb. Seite 77) schiebt man die getrockneten Früchte auf dem Nylonfaden einfach wieder zusammen. Die Fadenenden werden durch eine Silberperle sowie durch die Öse eines Schraubverschlusses gezogen, dort zwei- bis dreimal verknotet und bis auf etwa 0,5 cm abgeschnitten. Dieses Fadenstückchen führt man dann wieder zurück in die Perle und klebt es dort ein.

Faszinierende Naturmaterialien

Afzelia africana

Die glänzend schwarzen Samen mit harter Schale und gelben, orangefarbenen oder roten Samenmänteln ziehen Vögel wie Menschen gleichermaßen an und werden von den Eingeborenenfrauen Kalaharis schon seit langem zu farbenfrohen Ketten und Armbändern verarbeitet. Die Samen befinden sich in den massiven, verholzten, bis zu 25 cm langen Früchten des 35 m Höhe und mehr erreichenden, auch »Schotenmahagony« genannten, Baumes. Der Baum mit den duftenden Blüten, die vier Kelchblätter, aber nur ein rotes Blütenblatt haben, hat eine hellbraune, schuppige Rinde und wurde nach Adam Afzelius benannt, einem schwedischen Botaniker, der um 1795 in Guinea auf Exkursionen Pflanzen sammelte. *Afzelia africana* ist außer in Afrika auch in Malaysia verbreitet.

Bei uns bekommt man die Samen zusammen mit einer Schotenhälfte, in die sie eingeklebt sind und sich dann oft nur schwer herauslösen lassen. Speziell wenn es zu warm ist, wird der Kleber zäh und klebrig, so daß er fest an den Samen haftet. Werden die Schoten einige Stunden in den Kühlschrank gelegt, wird der Klebstoff aber wieder fest und läßt sich dann gut mit einem scharfen Messer entfernen.

Abrus precatorius

Einer der farbenfreudigsten, in den Tropen bekanntesten, aber auch problematischsten Samen ist *Abrus precatorius* (Paternostererbse, Precatorypea, Jequirity). Er stammt von einer mehrere Meter hohen Schlingpflanze, die vor allem in Indien heimisch, inzwischen aber in allen tropischen Ländern eingebürgert ist.

Die Samen kommen in drei verschiedenen Farbkombinationen vor:

Rot mit schwarzem Auge
Schwarz mit weißem Auge
Weiß, oft schmutzig weiß.

Der Name Paternoster bzw. precatorius (betend) rührt daher, daß vor allem die rot-schwarzen, sehr harten Samen schon seit langem zu Rosenkränzen verarbeitet werden. Der Name Abrus stammt wahrscheinlich aus dem Persischen, in dem »bustan apruz« soviel heißt wie »dem Garten brennende Farben verleihen«. Bereits im Jahre 1550 sollen die korallenroten Samenperlen nach Europa gelangt sein; 1592 erwähnt Prosper Alpinus sie als Perlenmaterial.

Früher wurde der in den Samen enthaltene Giftstoff Abrin teilweise als Heilmittel gegen Hornhautentzündung verwendet. Erst seit einiger Zeit wird mehr und mehr bekannt, daß Abrin eines der stärksten Gifte überhaupt ist: Schon ein bis zwei zerkaute Samen können für Kleinkinder lebensgefährlich sein (während unzerkaute Samen, deren Hülle nicht beschädigt ist, unverdaut wieder ausgeschieden werden).

Aus diesem Grund ist der Import zum Beispiel in Nordamerika verboten; trotzdem kommen sie ins Land, da sie in vielen tropischen und subtropischen Ländern zu Schmuck verarbeitet und von den Touristen mitgebracht werden.

Halsreif und Ohranhänger aus Afzelia-Samen. Beschreibung Seite 82.

Der Paternostererbse ähnliche Samen

Einige Samen sehen *Abrus precatorius* zwar sehr ähnlich, sind aber meist ungiftig oder zumindest weniger giftig. *Abrus precatorius* erkennt man jedoch eindeutig daran, daß sich der Nabel im schwarzen Teil des Samens befindet, während er bei den anderen im roten Teil ist. So zum Beispiel bei *Rhynchosia pyramidalis*, deren Samen halb rot, halb schwarz sind, wobei allerdings auch hier die Giftigkeit noch nicht hundertprozentig geklärt ist – so wurden von einer bestimmten Gattung dem Kurare ähnliche Wirkungen bekannt. Pharmazeutische Experimente mit einem Auszug von *Rhynchosia phaseoloides* verursachten bei Fröschen eine Art Narkose. Wie aus der Homöopathie bekannt, ist die Frage, ob Heilmittel oder Gift, aber auch immer eine Frage der Dosierung.

Andere, *Abrus precatorius* sehr ähnliche, aber größere Samen wie *Ormosia coccinea* und eine andere *Ormosia*-Art (Jumbie-bean) aus Bolivien und Ecuador sind giftig bzw. nicht giftig. Leuchtend rot mit einem schwarzen Nabel sind auch die (giftigen) Samen von *Erythrina*, deren Form aber mehr einer Bohne gleicht.

Ebenfalls sehr ähnliche Samen, die bei uns zeitweise unter dem Phantasienamen »Sororoca« im Handel waren, stammen von der 60 bis 80 cm hohen *Strelitzia nicolai* (Natalstrelitzie, Zar-Nikolaus-Strelitzie) aus Südafrika. Allerdings sind hier schwarze Samen in eine rote Pulpa eingebettet. Laut den Angaben eines Großhändlers sind diese Samen nicht giftig, woran man aber Zweifel haben kann, wenn man der Bezeichnung »Sororoca« näher auf den Grund geht: Im Englischen gibt es nämlich das Wort »Sororocide« und heißt auf Deutsch »Schwesternmörder«.

Grundsätzlich ist also bei allen rotschwarzen Samen, die so verführerisch aussehen, Vorsicht geboten – auch wenn man selbst nicht auf die Idee käme, sie zu verspeisen, könnten kleine Kinder sie womöglich doch für leckere Bonbons halten.

Halskette aus Afzelia und Abrus precatorius

Im Botanischen Museum der Royal Botanic Gardens Kew, London, ist eine Halskette aus Afzelia- und Abrus-Samen ausgestellt, die wie folgt nachgearbeitet ist (Abb. Seite 82):

Man benötigt etwa 400 kleine schwarze Glasperlen (eigentlich nur 366, bei der Arbeit gehen aber immer etliche verloren) sowie 8 größere; zwei Quetschkalotten mit Loch, einen Schraubverschluß sowie 150 cm Nylonfaden mit 0,35 mm Durchmesser; außerdem natürlich die Samen, und zwar 7 Afzelia- und 21 Abrus precatorius-Samen.

Zunächst werden die Afzelia-Samen gewachst und poliert, von oben her 0,8 mm starke Löcher bis etwa zur Hälfte des Samens gebohrt und entsprechend gekürzte Kettelstifte eingeklebt. Die Abrus-Samen (siehe auch Seite 79) werden ganz durchbohrt.

Zwei etwa 75 cm lange Nylonfäden werden durch das Loch einer Quetsch-

Halskette aus Afzelia- und Abrus-Samen nach einer im Botanischen Museum in London ausgestellten Kette gearbeitet.

kalotte gezogen und am Ende mit zwei bis drei Knoten versehen, die mit einem Tropfen Klebstoff verstärkt und in die Kalotte »gequetscht« werden. Nun werden zunächst auf beide Fäden zusammen 15 kleine Glasperlen aufgefädelt sowie eine größere. Nach dieser reiht man die beiden Fäden getrennt auf.

Faden 1: 10 kleine Glasperlen
1 Abrus precatorius
10 kleine Glasperlen

Faden 2: 7 kleine Glasperlen
1 Abrus precatorius
7 kleine Glasperlen
1 Afzelia-Same
7 kleine Glasperlen
1 Abrus precatorius
7 kleine Glasperlen
1 große Glasperle

Dann werden die Fäden 1 und 2 vertauscht, das heißt, die Reihe mit den Afzelia-Samen kommt nun auf Faden 1 und die Reihe mit dem einen Abrus precatorius-Samen auf Faden 2. Auf diese Weise wiederholt man das Ganze sechsmal und vertauscht nach jeder großen Glasperle wiederum die Fäden. Das Ende der Kette wird genauso wie der Anfang gearbeitet. Als Verschluß wurde hier ein Schraubverschluß gewählt, in dessen Ösen die Quetschkalotten eingehängt werden. Wenn alles befestigt ist, werden die einzelnen Perlenstränge noch umeinander geschlungen.

Ohranhänger und Halsreif

Die Samen für diese beiden Stücke (Abbildung Seite 80) werden im Prinzip genauso bearbeitet wie oben beschrieben, mit dem Unterschied, daß teilweise der Samenmantel entfernt und in den mittleren schwarzen Samen des Halsreifens zwei Löcher bzw. ein durchgehendes gebohrt wurde. Außerdem müssen hier die Kettelstifte natür-

Teile des Blütenstandes der Borassus-Palme, in der Floristik als Palm Male bezeichnet, sind hier zu einem Halsschmuck und zu Ohrclips verarbeitet.

lich länger sein. Kleine schwarze Glas- und etwas größere Messingperlen dienen als Verzierung und Abstandshalter zwischen den aufgereihten Samen.

Palm Male

Die – oft aufgeschnittenen und gerollten – männlichen Blütenstandachsen der Palmyrapalme (Borassuspalme, Weinpalme), einer Fächerpalme aus Südostasien, sind in der Floristik schon lange bekannt. Ihre braunen Samen werden auch als Vegetabilisches Elfenbein bezeichnet – aus ihnen werden Perlen und Knöpfe hergestellt. Die Palme ist im übrigen vielseitig verwertbar: Das Stammholz für den Hausbau; die getrockneten Blattspreiten wurden früher als Schreibfläche verwendet, bevor in China die Papierherstellung bekannt war. Zucker, Palmwein, Sago, Essig, Arzneimittel und vieles mehr werden aus dieser Palme gewonnen.

Halskette und Ohrclips

Die Ohrclips wurden aus kleinen Stückchen der Blütenstandsachse angefertigt, die man leicht mit der Blumenschere abschneiden kann. Der – möglichst gerade – Boden wird geschliffen, auf den Clip geklebt und dann tauchlackiert.

Der gerollte Teil der Blütenstandsachse eignet sich gut für eine ungewöhnliche Halskette. In diesem Fall wird zuerst lackiert und nach dem Trocknen eine Rille für die Kordel bis etwa zur Hälfte der Spirale gefräst. Die (angerauhten) Silberperlen mit großen Löchern werden am Ende der Rille in eine etwas größere Vertiefung eingeklebt. Danach wird die Kordel durchgezogen und in die Rille geklebt. Verschluß siehe Seite 41.

Schuppenhagebutte

Diese Bezeichnung ist der Handelsname für eine Palmfrucht, die wahrscheinlich aus der Familie der sogenannten Panzerfruchtpalmen stammt. Die ebenmäßigen, hell- und dunkelbraun geschuppten Zapfen wurden auch in der afrikanischen Kette auf Seite 10 mit verarbeitet (siehe außerdem Ohranhänger Seite 2).

Ohrclip und Halsreif

Fast erotisch wirken Ohrclip und Halsreif mit der Schuppenhagebutte. Das dazu verwendete obere Drittel der

Ohrclip und Anhänger aus der Schuppenhagebutte.

Aparter Schmuck aus den Schuppen von Pinienzapfen.

Frucht wurde mit der Trennscheibe abgesägt – dabei darf man nicht zu tief sägen, da sich in der Frucht ein ziemlich großer, harter Same befindet, an dem die Säge leicht abrutscht. Die Samen, oft mit einer weißen Haut überzogen, sind ebenfalls sehr apart. Auch bei der Verarbeitung der Schuppenhagebutte wird man mit einigem Ausschuß rechnen müssen, da man nicht immer gleich den zur Fassung passenden Durchmesser erhält.

Da die Schale der Schuppenhagebutte verhältnismäßig dünn und empfindlich ist, wird das »Hütchen« von unten her abgestützt: In die geschliffene Mitte der Fassung wird eine in der Höhe passende, auf der Unterseite plan geschliffene Holzperle geklebt und darüber die mit dem Rand in Klebstoff getauchte Schuppenhagebutte. Die Fassungen sind etwas schwierig zu bekommen, für den Ohrclip kann man sie sich aber auch selbst anfertigen, indem man einen entsprechend großen Gardinenring auf den Clip klebt.

Kiefer und Pinie

Die Kiefer, die in großer Artenvielfalt auf der ganzen Welt vorkommt, spielt in vielen alten Mythen eine große Rolle: Aufgrund ihrer Fähigkeit, auf kargen, steinigen Böden zu überleben und jedem Wetter zu trotzen, wurde sie zum Symbol der Langlebigkeit und der ehelichen Treue. Nach einer indianischen Legende soll die Kiefer auch sexuelle Kräfte haben.

Die Pinie, *Pinus pinea*, ist schon in der assyrischen Kunst belegt und ihre Zapfen waren bis ins frühe Mittelalter ein Lebenssymbol. In Griechenland gebot das delphische Orakel den Korinthern, eine bestimmte Pinie zu verehren, die »gottesgleich« war. Dionysos trägt den Thyrsusstab, der mit einem Pinienzapfen als Fruchtbarkeitssymbol verziert ist. Seit dem 2. Jahrhundert vor Christus erscheint der Pinienzapfen als Wasserspeier, später auch auf Grabmälern.

Für die Römer waren ungeöffnete Pinienzapfen Zeichen der Jungfräulichkeit, dementsprechend trugen die römischen Jungfrauen bei Kulthandlungen lange Girlanden aus Pinienzapfen.

Der Same (Piniennuß) mit knochenharter Schale und ölreichem Kern ist wohlschmeckend und im Mittelmeergebiet sehr gefragt.

Ohrclips, Ohranhänger und Halsreif

Italien- und Griechenlandurlauber können den schönen Pinienzapfen kaum widerstehen; als Souvenir, für Kränze oder Gestecke gesammelt, hat fast jeder einen oder mehrere der Zapfen bei sich zu Hause.

Natürlich kostet es ein wenig Überwindung, die Zapfen für unsere Zwecke zu zerlegen, die aber durch das Ergebnis sicherlich mehr als aufgewogen wird.

Für Ohrclips ist besonders das rautenförmige Ende der Schuppe geeignet, das man mit der Blumenschere entlang der entsprechenden Linien abschneidet. Kanten und Unterseite werden geschliffen und in der Mitte eine Vertiefung mit dem Rundfräser angebracht, in die eine Perle geklebt wird. Auf den Clip kleben – fertig ist ein feines, apartes Schmuckstück.

Die Ohranhänger in der Abbildung oben wurden aus den Enden der Schuppen sowie aus ganzen Schuppen – Vorder- und Rückseite jeweils verdreht – zusammengesetzt. Die beiden Teile werden mit einem kleinen Draht-Dübel verbunden (0,5 bis 0,8 mm starke Löcher bohren und ein kleines Stück Draht einkleben). Im Prinzip könnte man das obere Schuppenende natürlich auch ganz durchbohren und beide Teile mit einem Kettelstift verbinden, was aber sehr schwierig ist, da das Teil so flach ist, daß man beim Durchbohren sicher an der falschen Seite herauskommen würde; und wenn man von beiden Seiten her bohrt, treffen die Löcher in der Mitte selten oder gar nicht zusammen. Darum muß oben noch ein extra Loch für den (ziemlich kurzen) Kettelstift gebohrt werden, der die Verbindung zum Ohranhänger herstellt.

Der Anhänger des Halsreifens besteht aus mehreren zusammenhängenden Schuppen, die zunächst geteilt und dann andersherum, ebenfalls mit einem Draht-Dübel, wieder zusammengesetzt wurden. In diesem Fall sollte man sich die zusammenpassenden Stellen vorher mit dem Filzstift anzeichnen, damit man die Löcher an der richtigen Stelle bohrt. Da man die unregelmäßig geformten Schuppen nicht in den Schraubstock einspannen kann, muß man sie nach dem Einkleben des Dübels bzw. nach dem Zusammenkleben der Ränder solange mit der Hand halten, bis der Kleber angezogen hat. Nach etwa zehn Minuten kann man dann entsprechend hohe Holzstückchen oder ähnliches unterlegen und endgültig trocknen lassen.

An den Seiten der Schuppen werden 2,5 mm starke Löcher gebohrt, in die der für diesen Zweck in der Mitte aufgeschnittene Halsreif zusammen mit dem Lederband geklebt werden. Das Lederband wird um den Reif geschlungen und am oberen Ende in eine Messinghülse geklebt.

Samenperlen und Fruchtschalen – Mitbringsel aus fernen Ländern

Wer im Urlaub in ein tropisches Land reist, kann sich eine Menge Schmuckmaterial zum absoluten Nulltarif beschaffen. An vielen Stränden findet man zum Beispiel die dekorativen und widerstandsfähigen Samen von *Entada* und *Mucuna* und viele Samen und Früchte kann man sich an Ort und Stelle direkt von den Bäumen pflükken. Auf Märkten werden Halsketten aus Samenperlen, wie den Hiobstränen, *Afzelia africana, Abrus precatorius* und vielen mehr angeboten. Ob man fündig wird, hängt allerdings auch etwas von den jeweiligen Reifezeiten der Pflanzen ab: In Venezuela beispielsweise ist die Haupterntezeit für die meisten Samen und Früchte März, April und Mai. Nicht zuletzt bedarf es aber auch eines offenen Auges für die Natur, um die mehr verborgen wachsenden Schätze zu finden.

Pflanzen von A–Z

Im folgenden werden einige der in den Tropen verbreiteten Pflanzen beschrieben, die als Schmuckmaterialien verwendbar sind. Die Nennung erfolgt mit den botanischen Namen in alphabetischer Reihenfolge, teilweise sind die deutschen, englischen und einheimischen Bezeichnungen aufgeführt. Dies ist eine kleine Auswahl bekannter Materialien – sicher gibt es noch unzählige, bisher nicht erprobte Materialien zu entdecken. Oft sind die Naturmaterialien durch Bearbeitung für die Floristik auch so verändert, daß ihre ursprüngliche Form nicht mehr zu erkennen ist.

Acacia catechu
Akazie, Bullhorn Acacia

Halsketten aus Süd- und Mittelamerika enthalten oftmals die etwa 3 cm langen, Ypsilon-förmigen Dorne dieser Akazie. Die hohlen Dorne werden von Ameisen bewohnt, die zum Angriff übergehen, wenn der Busch zerstört wird.

Adenanthera pavonina
Roter Sandelholzbaum, rakta kanchan, Coralwood

Dieser Baum ist in Indien sehr verbreitet und hat scharlachrote, orangefarbene, manchmal auch gelb-bräunliche Samen. Sie gleichen in der Form zwei mit den Böden zusammengesetzten Pyramiden.

Adhatoda rasica
Malabarnuß

Aus dem Holz dieses kleinen, oft traubenartig wachsenden Busches, werden kleine Holzperlen gefertigt. Die Stämme werden auch zum Wahrsagen benutzt und nach einem Aberglauben halten um den Hals gebundene Früchte Erkältungen von Kindern fern.

Aegle marmelos
Bhelbaum, Kushi, Schleimapfelbaum, Bael fruit tree

Der Baum wird von den Hindus als Fruchtbarkeitssymbol heilig gehalten und in diesem Sinne oft in alten Sanskrit-Gedichten erwähnt. Die Samenperlen werden auf Agaven-Fasern auf-

Links oben: Kleine Stückchen der Schote von Delonix regia (siehe Seite 90) wurden hier zu attraktiven Broschen verarbeitet.

Links unten: Vielseitiger Banksiasame (siehe auch Seite 59): Kombiniert mit einem Maiskorn, Koralle und Keramik.

gereiht und von den Sudras als Unterscheidungsmerkmal gegenüber den Mohammedanern getragen.

Beispiele für die Verarbeitung von Kushi-Früchten siehe Seite 61.

Aleurites moluccana
Mehlbaum, Lichtnußbaum,
Candlenut, Kukui

Vor allem in Hawaii, wo *Aleurites moluccana* zum Staatsbaum ernannt wurde, werden die Samen dieser Bäume zu glänzenden Perlen geschnitzt. Früher wurden dort viele Pflanzenteile dieses Baumes verarbeitet und als Medizin, Lampenöl bzw. Färbemittel verwendet sowie Blüten und die polierten Nüsse in Blütenkränze geflochten.

Aquilaria agollocha
Agallochabaum, Adlerholzbaum,
Eagle wood

Aus dem Stammholz des großen, immergrünen Baumes werden Rosenkranz-Perlen hergestellt.

Areca catechu
Pinangpalme, Arekapalme,
Betel-nut palm

Diese Palme ist im tropischen Indien sehr verbreitet. Die haselnußähnlichen, gelb-bräunlichen oder rötlichen Nüsse werden in vielen religiösen Zeremonien und als Schmuckperlen verwendet, sowie auch von Millionen von Einheimischen als Kaugummi, der schwarze Zähne und roten Speichel verursacht.

Caesalpinia bonduc
Nickerbaum, Gemeiner
Schüsserbaum, Cat's Claw, Fever Nut,
Gray Nickernut

Die Samen dieses Baumes werden, wie *Dioclea, Entada* und *Mucuna*, durch Meeresströmungen auf der ganzen Welt verteilt. Sie haben eine bräunlich-gräuliche Farbe, sind mehr oder weniger rund und haben eine glatte, glänzende Oberfläche mit 15 bis 25 konzentrischen, horizontalen Linien bzw. Rissen. Die Samenhülsen sind mit etwa 1 cm langen, kräftigen Stacheln besetzt, was offensichtlich zu dem englischen Namen »Cat's Claw« geführt hat.

Der Nickerbaum ist in Mittel- und Südamerika, Afrika und Westindien verbreitet, wo die Samen früher zu Knöpfen verarbeitet wurden. Die Samen haben auch ihren Platz im Volksglauben einiger Länder: In Bombay tragen schwangere Frauen Halsketten aus auf rote Seide gezogenen Samen als Schutz vor einem Abgang. Oft werden die Samen auch an Bäumen aufgehängt, um zu vermeiden, daß deren Früchte zu früh herunterfallen. Und in Ägypten werden die Halsketten als Amulett gegen Hexerei getragen.

Canna indica
Krebsblume, Indisches Blumenrohr,
Indian-shot

In den weichstacheligen, walnußgroßen Kapseln dieser repräsentativen, meist orange-rot blühenden Staude befinden sich extrem hartschalige, schwarze Samen, die Ähnlichkeit mit

Murmeln oder Schrotkugeln haben (daher wohl auch der englische Name Indian shot).

Canna indica stammt ursprünglich aus Amerika, wird aber inzwischen in Asien, Afrika und auch in Europa kultiviert. In Westindien und Afrika werden aus den Samen Halsketten und Rosenkränze hergestellt, in Südamerika finden sie Verwendung als Füllung von Rumba-Rasseln.

Caryota urens und Metroxylon sagu
Brennpalme und Sagopalme,
Hill palm, Smooth sago palm

Diese wunderschönen Palmen findet man in feuchten Wäldern der Tropen, zum Beispiel in Bengalen, Birma, Orissa. Die zierlichen, nur etwa 0,2 cm großen Samen werden von den Mohammedanern zu Perlenketten verarbeitet.

Casuarina equisetifolia
Känguruhbaum, Keulenbaum,
Streitkolbenbaum, Horse-tail tree,
Beefwood, Australian pine

Die Kasuarine mit schachtelhalmartigen Zweigen und Ähnlichkeit mit den Federn des molukkanischen Vogels Kasuar, besiedelt als tropische Strand- und Nutzpflanze weite Teile von Australien über Polynesien nach Tahiti und Indien, bis nach Madagaskar. Sie wird bis zu 25 Meter hoch und ihr Stammholz gehört seiner Härte wegen zum sogenannten Eisenholz. Die verholzten, zapfenähnlichen Fruchtstände finden hauptsächlich in der Floristik Verwendung.

Cicer arietinum
Kichererbse, Chick pea

Die hellbraunen Samen der Kichererbse sind einerseits ein wichtiges Lebensmittel, werden teilweise aber auch gefärbt und bemalt und so zu Halsketten verarbeitet.

Corypha umbraculifera
Talipotbaum, Große Schirmpalme

Die Früchte dieser in Bengalen und Birma beheimateten Palme sind hart wie Elfenbein und werden zu Perlen geschnitzt, die Ähnlichkeit mit den »Rudraksha«-Samen (siehe *Elaeocarpus*) haben.

Cucurbita pepo
Eierkürbis, Pumpkin

Einige der schönsten nordamerikanischen Samenketten bestehen aus den hellgelben Kernen dieser Kürbisart.

Delonix regia
Poinciana, Flammenbaum, Sansibar-Akazie, Flame Tree, Gold Mokur,
Bead Tree, Madagaskar Flamboyant

Poinciana ist ein tropischer, laubabwerfender, 12 bis 15 m hoher Baum mit großen gefiederten Blättern und leuchtend scharlachroten Blüten ähnlich denen der Kapuzinerkresse. Der Baum stammt aus Madagaskar, hat heute jedoch ein weites Verbreitungsgebiet, wie zum Beispiel die West- und Ostküste Afrikas, Sansibar, Vorderindien, Philippinen, Mittel- und Südamerika sowie Nord-Australien. Die Blüte von *Delo-*

Eleganter Ohranhänger mit dem Samen der Holzrose (siehe Seite 54).

nix regia ist die Nationalblume von Puerto Rico. Nicht nur die eindrucksvollen Blüten, auch die oft über 40 cm langen, hölzernen Hülsen des Baumes beeindrucken viele Winterurlauber in den Tropen. In den sehr harten Hülsen befinden sich längliche braune Samen mit hellen Längsstreifen, die in vielen Halsketten verarbeitet werden.

Für Floristenzwecke werden die langen Schoten unter dem Namen »Leiterschote« auch nach Deutschland importiert – leider ohne die attraktiven Samen.

Ein Beispiel für die Verarbeitung kleiner Stücke der Schoten zu graphisch wirkenden Broschen ist auf Seite 88 abgebildet.

Dioclea
Geierauge, Vulture's Eye

Die flachen, glänzenden rot-braunen oder schwarzen Samen haben wie die von *Mucuna* einen konzentrischen Ring, der aber nicht ganz so rund ist. Man findet sie hauptsächlich in Ostindien, sie werden aber durch die Meeresströmung in viele andere Länder der Erde getragen. Die Samen finden außer für Schmuckzwecke auch als Murmeln und Medizin Verwendung.

Elaeagnus commutata
Ölweide, Buffalo-berry

Aus den trockenen, mehligen und eßbaren Beeren der Ölweide kann man hübsche, braun-schwarz gestreifte Samen entnehmen, aus denen kanadische Indianer schon seit langem Halsketten fertigen.

Elaeocarpus ganitrus
Rudraksha

Diesen sehr hohen Baum findet man hauptsächlich in Nepal und Assam, aber auch in Singapur. Shiva-Anhänger tragen Halsketten aus seinen Samen, um in das Reich Shivas zu kommen (siehe auch Seite 12). Die Samen sollen auch Schmerzen abwehren. Sie sind meist dunkelbraun mit warzenähnlicher Oberfläche, werden teilweise aber auch gebleicht. Halsketten aus diesen Perlen sind überall in Indien erhältlich, manchmal sind sie mit Goldperlen oder roten Koralle kombiniert. Eine der Halsketten, die im Indischen Museum aufbewahrt werden, besteht aus 108 Perlen, die für Vishnus und Buddhisten gleichermaßen Symbol sind: Für Vishnus repräsentieren sie die 108 Namen Vishnus und für Buddhisten die 108 Symbole auf Buddhas Fußsohle.

Euonymus grandiflorus
Spindelbaum, Siki nut

Die Samen dieses Baumes werden in Bussahir zu Ketten verarbeitet.

Enterolobium cyclocarpum
Elephant's ear

Die glatten, glänzenden, länglich-ovalen braunen Samen mit hellbraunem Ring auf der Vorder- und Rückseite finden hauptsächlich in Südamerika als Schmuckmaterial Verwendung.

Erythrina crista-galli
Hahnenkammkorallenbaum

Die attraktiven rot-schwarzen, bohnenähnlichen Samen von *Erythrina*, von denen es allein in Nord- und Südamerika über hundert verschiedene Arten gibt, werden in vielen Ländern der Erde zu Ketten verarbeitet. Auch sie enthalten ein dem Kurare ähnliches Gift, das aber anscheinend nur in raffinierter Form bzw. in den Blutstrom injiziert als Gift wirkt.

Ficus glomerata
Feige, Gular

Heiliger Baum Zentral- und Südindiens, dessen Früchte Schwangere um ihren Hals legen, wenn die Niederkunft näherrückt.

Flacourtia ramontchii
Echte Flacourtie, Bilangra

Kleiner, dorniger Baum, dessen Holz sehr hart und rot gemasert ist. Die Samen dienen einerseits als Perlen für Halsketten, aber auch in pulverisierter Form als desinfizierender Puder nach einer Geburt.

Gyrocarpus jacquinii
Zaitum

Weitverbreiteter Baum in Südindien und Malaysia, seltener in Bengalen. Die Samen werden zu Rosenkränzen und Halsketten verarbeitet.

Hura crepitans
Sandbox, Assacu

Dieser in bearbeitetem Zustand einer Mondsichel ähnelnde Same ist zwar ebenfalls giftig, der Verzehr aber aufgrund seiner Größe ziemlich unwahrscheinlich. Die »Sicheln« werden in südamerikanischen Ländern oft mit aufwendigen Messing-Verzierungen verarbeitet.

Juniperus monosperma
One-seed Juniper

Die hübschen, zweifarbigen Samen dieser Wacholderart dienen in Arizona als Schmuckmaterial.

Leucaena leucocephala
Apfelsamen

Ähnlich den Kernen europäischer Äpfel werden diese Apfelsamen besonders auf den Philippinen zu Ketten verarbeitet. Sie stammen von der Tamarinde, einer Gattung der Hülsenfrüchter. Die Samen sind auch eßbar, teils werden sie geröstet und zu Kaffee gebraut.

Linum usitatissimum
Echter Flachs

Aus den Flachs-Stengeln werden Halsketten in vielen Techniken und Mustern geflochten.

Macadamia-Arten
Queensland Nut

Die Bäume stammen aus Australien, werden aber inzwischen wegen ihrer eßbaren Früchte auch in anderen Ländern kultiviert, vor allem in Hawaii. Die runden Nüsse stammen meist von *Macadamia integrifolia*, während die zugespitzten von *Macadamia whelanii* stammen und giftig sind.

Melia azedarach
Perlen- oder Paternosterbaum, Indischer oder Persischer Flieder, Paradiesbaum, Chinaberry, Pride of India

Dieses im Himalaya beheimatete Gewächs aus der Mahagoni-Familie ist heute hauptsächlich in Asien, Virginia und Hawaii verbreitet. Die violetten bis purpurroten Blüten werden abgelöst von gelben oder creme-farbenen Steinfrüchten, die auch noch am Baum hängen bleiben, wenn die Blätter schon gefallen sind. Sie sind etwa eineinhalb Zentimeter lang, oval, haben sechs längs laufende Vertiefungen und werden in den tropischen Anbaugebieten viel zu Perlenketten verarbeitet. Das in den Samen enthaltene Alkaloid ist in kleineren Mengen giftig für Geflügel und Schweine, in größeren auch für Menschen.

Mucuna pruriens
Brennhülse, Juckbohne, Juckfasel, Stechende Fasel, Horse-eye-bean, Donkey's bean, Donkey's eye

Die behaarten Hülsen dieser tropischen Kletterpflanze sind manchmal giftig und verursachen bei Hautkontakt Brennen und Jucken. Der dunkelbraune Same mit dem schwarzen, konzentrischen Ring ist dagegen harmlos und wird sogar als Aphrodisiakum genossen. Auch dieser Same wird durch das Meer an weitentfernte Strände angespült. Er ist der widerstandsfähigste Same überhaupt und wird daher, zum Beispiel in Venezuela, sehr oft mit Edelmetallen zu wertvollen Schmuckstücken verarbeitet.

Myristica fragrans
Muskatnuß

Die Muskatnuß ist wohl jedem Europäer als Gewürz bekannt. Der von den Molukken und Banda-Inseln stammende, immergrüne und relativ niedrige Baum wird heute in fast allen tropischen Ländern angebaut. Die getrockneten, leuchtend roten Samenmäntel werden zu Mazis oder Muskatnußblütenöl verarbeitet. Weniger bekannt ist wohl die Tatsache, daß auch die Muskatnuß giftig ist: Bereits der Verzehr einer halben Nuß kann für den Menschen tödlich sein.

Obwohl für Schmuck hervorragend geeignet, werden Muskatnüsse anscheinend nur selten dazu verarbeitet. Erst kürzlich entdeckte die Autorin Muskatnüsse auf einem Flohmarkt, verarbeitet in einer dekorativen Hals-

kette, und die Besitzerin selbst erkundigte sich, was das wohl für ausgefallene Samen seien.

Putranjiva roxburghii
Joti, Putanjee mala

Überall im tropischen Indien findet man diesen mittelgroßen, immergrünen Baum. Die Halsketten aus den Fruchtständen werden von indischen Fakiren und Brahmanen getragen, sowie von Kindern, um böse Geister fernzuhalten.

Samadera indica
Karinghota of Malabar

Halsketten aus den Samen sollen bei Kindern gegen Asthma und Brustbeschwerden helfen.

Sapindus saponaria
Seifenbeere

Den Seifenbeeren-Strauch findet man in Taiwan sowie in Südamerika. Der Name rührt daher, daß die Samen 30% Saponine enthalten, die zur Seifenher-

Samenperlen aus Venezuela. Oben und links unten: Abrus precatorius, daneben unten: Canna indica, Caesalpina bonduc und Ormosia, kombiniert mit Canna.

stellung verwendet werden. Bei Fischen wirken die Beeren als Gift. Die Samen ähneln denen von *Canna indica*, mit dem Unterschied, daß der Nabel aus einer fünf Zentimeter langen Furche besteht, während Canna indica nur eine kleine Pore als Nabel hat.

Thevetia peruviana
Gelber Oleander, Lucky Nut, Trumpet Flower

Die gelben, nach Teerosen duftenden Blüten erscheinen nur einen Tag lang, dafür aber das ganze Jahr über. Sie werden von den Hindus gerne für Blumenopfer verwendet. Die Pflanze ist hochgiftig, andererseits werden aus ihr verschiedene Heilmittel gewonnen. Die braun bis braun-schwarzen, dreieckigen Samen werden zu Schmuck verarbeitet; die harten Fruchtschalen dienen den Indern zur Fertigung von Klappern und Schellen.

Verarbeitung des beschriebenen Materials

In den folgenden Schmuckstücken sind einige der beschriebenen Materialien verarbeitet. Die wenigsten dieser Materialien sind bisher bei uns im Handel erhältlich, was sich aber ändern kann, wenn sie bekannter und beliebter werden. Es gilt also, sie bei der nächsten Urlaubsreise selbst wieder zu entdecken, aber vielleicht auch neues Pflanzenmaterial, das sich zu ausgefallenem Schmuck verarbeiten läßt.

Weitverbreitete Schmuckmaterialien sind zum Beispiel auch die uns wohl bekannten Kaffeebohnen, die vor allem in Guatemala, Peru und Kolumbien verarbeitet werden, sowie Pfirsich- und Aprikosensteine, die man in Taiwan gerne mit den Samen des Paternosterbaumes, der Poinciana, Weißdorn und Ölpalme kombiniert.

Auf dem Foto links sind verschiedene Schmuckstücke mit Samen aus Venezuela abgebildet: Unter dem von der Autorin gefertigten Armband aus *Abrus precatorius* von Einheimischen gefertigte Stücke mit Fassung und aufgelöteten Messingverzierungen, rechts daneben ein von der Autorin gefertigter Ohranhänger aus *Ormosia* und *Canna*. In der oberen Hälfte kommen die attraktiven Samen von *Abrus precatorius* in verschiedenen Kompositionen zu Ehren.

Schmuckstücke aus Abrus precatorius

Wie bereits ausführlich beschrieben, ist speziell bei diesen Samen Vorsicht geboten. Wenn man aber weder kleine Kinder hat, die in Versuchung kommen könnten, die farbenfrohen Perlchen als Bonbons zu verspeisen, noch die Mühe scheut, die winzigen Samen zu bohren, teilweise zu schleifen und gut zu befestigen, kann man sich unvergleichlich schöne Schmuckstücke daraus machen.

Vor allem bei dem schwarzen Keramik-Ohrclip ist es wichtig, die Lochränder der Keramikscheibe sowie den Samen an den zu klebenden Stellen gut zu schleifen, abgesehen natürlich von der Rückseite der Keramikscheibe sowie des Ohrclips. Das Einkleben des

zierlichen Abrus-Samens ist eine ziemliche Puzzle-Arbeit – am besten hält man ihn mit einer geriffelten Pinzette fest, damit er nicht wegspringt.

Die Samenperlen für den Halsreif sind teils ganz, teils nur bis zur Mitte gebohrt. Dabei werden sie mit der mit Textil-Tesaband abgeklebten, geriffelten Zange gehalten. In die Perlen und Hülsen wurden verschieden lange Silberkettchen geklebt, die oben, mit Kleber versehen, in die Quetschkalotten eingelegt werden. Zwischen den einzelnen Kettchen sind Quetschperlen als Abstandshalter aufgereiht.

Die Samen für das Armband wurden ganz durchbohrt, Nietstifte durchgezogen, die entsprechend gekürzt zur Öse gebogen und an der fertigen Kette eingehängt werden.

Mucuna pruriens und Hura crepitans

Die faszinierenden Samen von *Mucuna pruriens* und *Hura crepitans* wurden auf dem Foto oben »europäisiert«. Zwei der Mucuna-Samen sind trommelpoliert, aber auch die nicht polierten wirken in ihrer Rustikalität sehr reizvoll. Die Samen lassen sich trotz ih-

Linke Seite: Der widerstandsfähigste Same überhaupt, Mucuna pruriens. Hier teilweise kombiniert mit dem ebenfalls sehr harten Samen von Hura crepitans.

Die Möglichkeiten der Schmuckgestaltung mit pflanzlichem Material sind unendlich. Hier Delonix, Ölweide, Enterolobium, Casuarina.

rer Widerstandsfähigkeit relativ leicht bohren.

Der *Mucuna*-Same am Halsreif ist kombiniert mit *Hura crepitans*, dessen dünnere innere Haut entfernt wurde, so daß die stabile »Sichel« übrigbleibt, der hier zusätzlich das Aussehen eines Delphins verliehen wurde. Der Ohranhänger aus *Hura crepitans* wurde mit einem beflämmten Samen gestaltet (Beflämmen siehe Seite 49). Die Aufhänge-Öse lötet man in diesem Fall am besten an.

Delonix, Ölweide, Enterolobium, Casuarina

Eine »Himmelsleiter« aus *Delonix regia*-Samen, kombiniert mit länglichen Muscheln, beherrscht das Foto oben. Da die *Delonix regia*-Schote sehr hart ist, muß man sie mit der Minikreissäge an den tiefergelegenen Stellen aufsägen, um die Samen herausholen zu können.

Der Ohrclip oben wurde aus dem Drittel einer venezolanischen Frucht gemacht, am Rand verziert mit den winzigen Samen, die in ihr sind.

Links darunter zwei Ohrstecker mit Samen der Ölweide. In den Ohrsteckern befanden sich ursprünglich Plastikperlen, die mit der Zange entfernt wurden. Die leichten Ölweiden-Samen brauchten nur eingeklebt zu werden.

Der Same links davon stammt von *Enterolobium cyclocarpum* und wurde mit einer kleinen Tulpe und Goldkettchen zu einem zierlichen, eleganten Ohranhänger verarbeitet.

In dem unteren Holzring befindet sich eine *Casuarina*, die mit einem eingeklebten Faden durch ein Loch im Ring gezogen wurde, so daß sie ganz locker im Ring hängt und bei Bewegung leicht hin- und herschaukelt.

Einheimische Pflanzen

Auch viele unserer einheimischen Pflanzenmaterialien haben ihren Reiz, wenn man sich auch, zumindest was Samen und Früchte anbelangt, bezüglich der Vielfalt etwas beschränken muß. Die meisten Samen sind für Schmuckzwecke zu klein und es gibt nur wenige stabile Früchte oder Verholzungen. Wie auf Seite 102 beschrieben, kann man aber für bestimmte Schmuckstücke auch gepreßte Pflanzen verwenden, bei denen die Auswahl schon bedeutend größer ist.

Holz-, Rinden- und Aststücke

Im Wald findet man hauptsächlich verholzte Materialien: Astgabeln, Rindenstücke und vieles mehr. Die Astgabel auf dem Foto rechts wurde von oben und unten her mit der Ständerbohrmaschine ausgehöhlt, damit sie nicht zu schwer am Ohr hängt. Je nach Geschmack kann man die Astgabel lakkieren und zum Beispiel ein aufgeschnittenes Wollknäuel in das obere Loch kleben (zusammen mit einem Kettchen als Aufhängung für den Ohranhänger).

Auch Rindenstücke, die nicht zu brüchig sind, lassen sich gut zu Schmuck verarbeiten. Durch Lackieren gewinnen sie zusätzlich an Stabilität. Natürlich muß auch genügend Spielraum vorhanden sein, um Löcher bohren zu können, in die das Lederband eingeklebt wird.

Fast schon Gemälde sind die von Holzwürmern hinterlassenen Spuren – aus solchen einfachen Holstückchen lassen sich ganz individuelle Ohrclips machen, wie sie sonst niemand besitzt.

Oft bekommt man von Schreinern oder Instrumentenbauern günstig Holzabfälle. Die Halskette mit dem rosa und violetten Band sowie der Manschettenknopf (in der Abb. rechts oben) wurden zum Beispiel aus kleinen Stückchen Zwetschgenholz gefertigt. Holz muß man natürlich schleifen, und zwar immer zweimal – erst grob, dann fein. Nach dem ersten Schleifvorgang wird das Holz leicht befeuchtet, damit sich die Fasern aufstellen und das Holz dann völlig glatt geschliffen werden kann.

Halsreif aus Hartriegel

Die dunkelroten, getrockneten Zweige des roten Hartriegels bilden die Grundlage für den aparten Halsreif auf dem Foto Seite 100. Die Zweige werden mit der Blumenschere etwas schräg geschnitten, Löcher gebohrt und an dem zurechtgebogenen Messingdraht aufgezogen. An den beiden Enden des Messingdrahtes werden Ösen zum Einhängen am Halsreifen gebogen.

Kastanien, Eicheln, Kürbiskerne

Auch unsere einheimischen Kastanien, besonders die kleineren Edelkastanien, sind wunderschön: Nicht umsonst werden sie im Herbst begeistert von Kindern und auch von Erwachsenen, die sich das Gefühl für diese »Handschmeichler« bewahrt haben, gesammelt. Trocknet man Kastanien etwa

Spaziergänge lohnen sich immer, wenn man auf der Suche nach Schmuckmaterial ist.

fünf Stunden bei 100 Grad im – einen Spalt geöffneten – Backofen oder in einem Warmluftschrank (siehe Seite 119), so schrumpeln sie nicht mehr. Mit einem scharfen Messer schneidet man von einer Kastanie ein Stückchen ab, um zu testen, ob das Fruchtfleisch schon trocken ist (natürlich trocknen die Früchte je nach Größe und Wassergehalt unterschiedlich schnell).

Für schlichte, aber nichtsdestoweniger reizvolle Ohrclips wird man eher kleinere Kastanien verwenden: Boden entsprechend dem Durchmesser des Clips abschneiden oder absägen, aufkleben, wachsen und polieren.

Eicheln sehen zwar stabil aus, die meisten sind es aber nicht – man muß schon etwas suchen, bis man welche mit relativ harter Schale findet. Dann allerdings eignen auch sie sich gut für Schmuckzwecke. In der Abbildung Seite 100 wurde eine Eichel kombiniert mit einer weißen Holz- und rötlich gemusterten Korallenperle.

Fast schon zu zerbrechlich ist die Frucht der »Jungfer im Grünen« *(Nigella damascena)*, sie verführt aber aufgrund ihrer ausgefallenen und aparten Form und Farbgebung doch zur Schmuckgestaltung. Dazu paßt die filigrane Metallperle, die zusammen mit einem durch eine Silberhülse gezogenen, langen Kettelstift auf den Stielansatz geklebt wird.

Das seidige Wollgras findet man auch hierzulande in einigen sumpfigen Gegenden oder baut es selbst am Gartenteich an. Verziert mit einer länglichen Muschel und schwarzer Holzperle, wird es zu einem beschwingten, originellen Ohranhänger.

Einen »etwas anderen« Halsreif zeigt das Foto auf Seite 100 unten. Weiße und graue Kürbiskerne wurden zusammen mit einer türkisfarbenen Keramikperle aufgereiht.

Ingwer ist zwar kein einheimisches Material, man bekommt den als Gewürz dienenden Wurzelstock einer südostasiatischen Staude aber inzwischen in jedem Gemüsegeschäft oder, getrocknet, im Hobbyladen, da er auch viel für Trockengestecke verwendet wird. Ausgefallenste Formen regen die Phantasie an und kein Stück ist wie das andere.

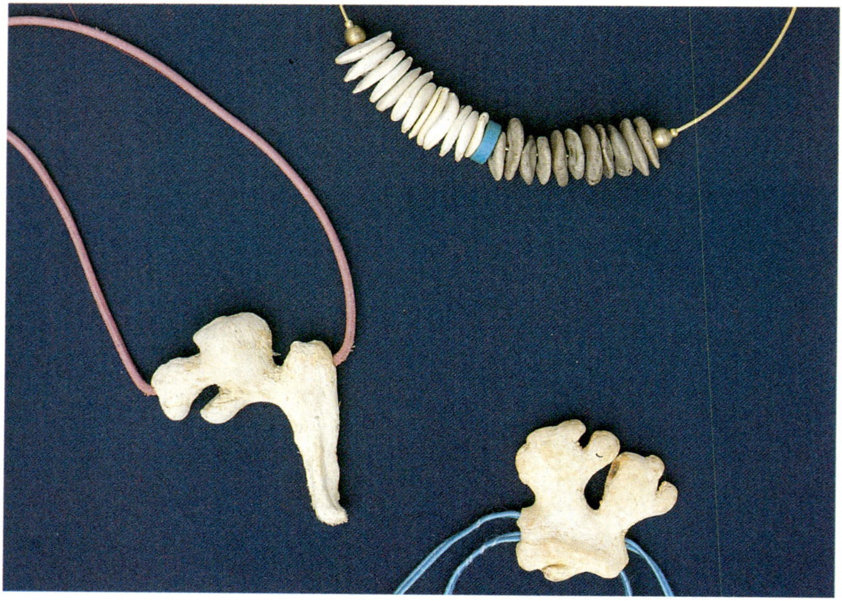

Material aus einheimischen Pflanzen: Kastanie, Eichel, Nigella damascena, Wollgras, Hartriegelzweige.

Ingwer und Kürbiskerne, Material, das heute überall erhältlich ist.

Walnüsse

Nüsse waren einst ein Fruchtbarkeitssymbol – noch heute werden bei so mancher italienischen Hochzeit der Braut und dem Bräutigam Nüsse auf den Weg gestreut. Auch für Jugend, Wachstum und Unsterblichkeit sind sie ein Symbol. Die Sitte, Kindern am Nikolaustag Nüsse zu schenken, geht auf die Zeiten der germanischen Götter Thor und Wotan zurück.

Die aus Nordamerika stammende, inzwischen auch in Deutschland als Parkbaum angepflanzte Schwarznuß *(Juglans nigra)* hat 3 bis 5 cm große, runde Früchte, deren Steine hell- bis dunkelbraun-schwarz, stark gerunzelt und nicht aufspringend sind.

Zwischen den Runzeln setzt sich meist eine Menge Schmutz fest, so daß man die Nuß vor der Verarbeitung erst gründlich säubern muß (am besten mit der Nagelbürste; anschließend gut trocknen lassen). Die kleineren Schwarznüsse kann man gut im Ganzen zu Ohranhängern verarbeiten: Man bohrt ein 2 mm starkes Loch durch die Nuß, ein Kettelstift und ein Goldkettchen werden so eingeklebt, daß das Kettchen unten noch ein Stück heraushängt – das andere Ende des Kettchens wird über die Nuß geführt und unten zusammen mit dem anderen Kettchen durch eine Perlkappe oder ähnliches gezogen; beides wird unterhalb der Nuß festgeklebt. Das Kettchen ist so reichlich zu bemessen, daß es schön herunterhängt. Als Abschluß werden kleine Glasperlen aufgeklebt.

Größere Nüsse halbiert man besser, was bei leicht aufgesprungenen Nüssen gut mit dem Tapeziermesser zu bewerkstelligen ist; fest geschlossene dagegen muß man mit der Trennscheibe, manchmal auch mit der Laub- oder Découpirsäge teilen.

Aus den halbierten Nüssen wird das Fruchtfleisch mit einem kleinen Schraubenzieher oder dem Grafikermesser entfernt. Bei dem Ohranhänger mit dem Silberkettchen wurden von der Innenseite her zwei Löcher von 1 mm Stärke ganz durchgebohrt (mit dem Spitzfräser vorbohren). Dann wird das etwa 10 cm lange Kettchen von oben her durch ein Loch gesteckt, unten um die Wölbung geführt und durch das andere Loch wieder nach oben zurückgesteckt. Die zwei gleich langen Kettchen werden auf etwa halber Höhe in eine Perle (mit viel Klebstoff) und oben in eine Quetschkalotte geklebt. Fertig ist ein lockerer Ohranhänger, der Ähnlichkeit mit einem Nußschalen-Schiffchen hat.

In die Nußhälfte für den Halsreif (Abbildung Seite 102) wurde von oben her – knapp am Rand – ein Loch für das Silberkettchen gebohrt sowie eine kleine Mulde für die Zierperle gefräst. Die Länge des Kettchens wurde vorher auf die der danebenhängenden Silberhülse abgestimmt. Durch diese Hülse führt ein Nylonfaden, der oben und unten verknotet und in die Perle bzw. Quetschkalotte geklebt wird.

Juglans mandshurica wurde vom Schreiner mit der Découpirsäge in Scheiben geschnitten, so daß die schöne innere Struktur der Nuß zum Vorschein kommt. In das nun sehr schmale Stück der Schale Löcher zu bohren, ist nicht ganz einfach, da diese

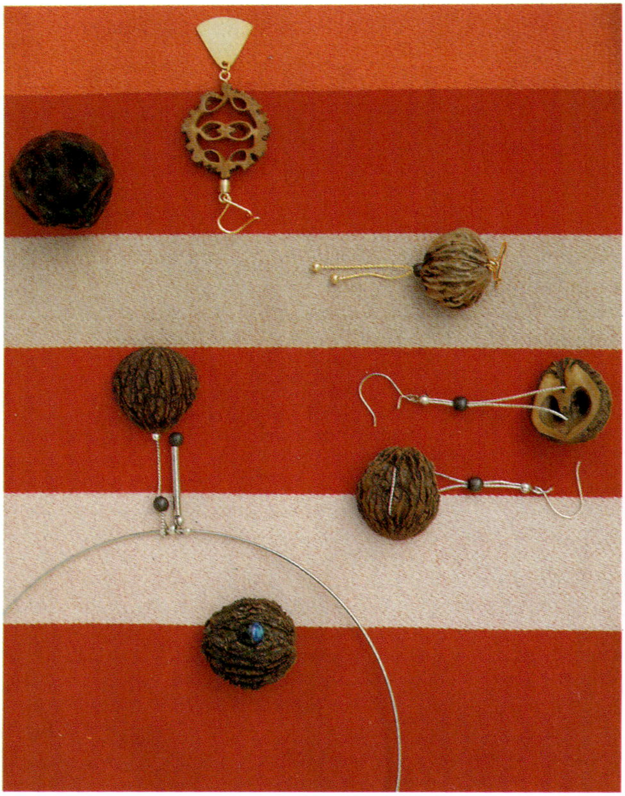

Nüsse in allen Variationen.

leicht springt – man wird also mit einigem Ausschuß rechnen müssen. Die drei Ecken des Messingplättchens wurden erst mit dem groben, dann mit dem feinen Schleifaufsatz etwas abgerundet und mit dem 1,5 mm-Bohrer ein Loch für die Öse hineingebohrt.

Broschen mit gepreßten Blüten und Blättern

Relativ neu auf dem Markt sind Broschen und Ohrclips mit Glaseinsatz (»Bel Vetro«). Man kann das Glas entweder mit Hinterglasmalerei versehen, man kann aber auch alle möglichen anderen Materialien zwischen Broschenplatine und Glas einlegen. Mit getrockneten, gepreßten Blüten und Blättern oder anderen pflanzlichen Materialien gibt es unendlich viele Möglichkeiten, die Broschen zu gestalten: Verspielt, zierlich, grafisch, strukturell, malerisch, samtig, seidig, wollig – der Phantasie sind hier wirklich keine Grenzen gesetzt. Man kann sich sogar eine richtige Broschen-»Galerie« zulegen, zumal man den Inhalt der Brosche leicht auswechseln kann, wenn man ihn nicht direkt auf die Platine, sondern auf ein Stück Papier oder Karton klebt.

Gepreßt werden die Pflanzen entweder wie üblich zwischen Zeitungen, im Telefonbuch oder in einer Blumenpresse. Wer sich näher damit befassen bzw. größere Mengen pressen will (zum Beispiel auch für größere Naturcollagen), sollte sich einen Warmluftschrank bauen (Bauanleitung Seite 119). Dieser hat den Vorteil, daß die Pflanzen durch die Warmluftzirkulation wesentlich schneller trocknen (in etwa 2 bis 5, maximal 12 Stunden) und damit die Farbe besser und länger behalten. Sehr dicke Pflanzen, wie Rotkohl, lassen sich auf die herkömmliche Art überhaupt nicht trocknen, da sie bei den langen Trockenzeiten vermodern würden. Nach Auskunft des Münchner Botanischen Institutes, das die gesammelten Pflanzen ebenfalls in (großen) Warmluftschränken trocknet, ist diese Methode die einzige Möglichkeit, gepreßte Pflanzen länger haltbar zu machen, auch wenn man immer wieder von sogenannten »Wundermitteln« hört.

Manche Blüten, zum Beispiel Mohn, kann man auch mit dem Bügeleisen trocknen (Fließpapier dazwischenlegen). Mohn behält allerdings in keinem Fall die natürliche Farbe: Preßt man ihn im Telefonbuch oder in der normalen Blumenpresse, wird er meist recht blaß, in der Warmluftpresse wird er dagegen dunkelrot. Um annähernd die wunderschöne Originalfarbe zu bekommen, kann man die Blütenblätter mit Aquarell- oder Gouache-Farbe in Zinnoberrot färben. Dazu muß die angerührte Farbe mit einem Spritzer Spülmittel gemischt werden, damit die Blätter entfettet werden und die Farbe daran haften bliebt. Die zarten Blätter müssen allerdings sehr vorsichtig behandelt werden: Auf ein Blatt Papier gelegt, hält man sie mit einem Finger am schwarzen Mittelpunkt fest und malt mit einem dicken Pinsel über das Blatt hinaus auf das Papier. Wenn die Farbe etwas angetrocknet ist, werden die Blätter zum Nachtrocknen in ein Telefonbuch gelegt. Zur Weiterverwendung wird das Blatt umgedreht, so daß die Farbe nur von unten durchscheint und die Bemalung so gar nicht mehr auffällt.

Doch nun zu unserer »Broschen-Galerie« (Abb. Seite 104). Blüten und Blätter kann man natürlich mit allen möglichen Materialien unterlegen bzw. kombinieren. Die rechteckige, goldene Brosche rechts unten, auf Seite 118, wurde zum Beispiel mit Siegellack bemalt, der die plastische Wirkung der Pflanzen noch unterstützt.

Untergrund plus Material dürfen nicht zu dick sein, sonst springt möglicherweise das Glas und die Klammern der Fassung lassen sich nicht mehr zubiegen. Im einzelnen wurden hier die folgenden Materialien verwendet (von links oben nach rechts unten):
- Getrocknete Maisblätter auf Seidenmalerei
- Blaue Binse auf Seidenmalerei
- Birkenrinde auf Pappe
- Duftrosen und kleine Strohblumen auf Siegellack
- Silberling auf Siebdruck
- Rotes Nistem-Blatt
- Fittonien-Blatt (Vorder- und Rückseite)

Verschiedene Broschen mit gepreßten Blüten und Blättern.

Seite 106: Die schwarze Schönheit ist geschmückt mit einem Strohkranz, auf dem ein echtes Vogelnest sitzt. Die Jacke besteht aus Kokosfaser mit einem Kragen aus Silberlingen.

- Ginkgo-Blatt auf Seidenmalerei
- Samen-»Wolle« des Federgrases auf Alufolie
- Balsaminen-Blüte auf Siebdruck
- Gummibaumblatt
- Fuchsien-Blüte auf Siebdruck
- Tulpenblatt auf Seidenmalerei
- Tagetes-Samen auf Seidenpassepartout-Karton
- Luffa (das getrocknete Gewebe der Luffa-Gurke, das auch für Massage-Schwämme verwendet wird)
- Holzrinde

Speziell auch auf diesem Gebiet der Blüten und Blätter trifft man auf ein weites Feld der Pflanzensymbolik: Margeriten gelten wie die Gänseblümchen als Liebesorakel, Schlüsselblumen »erschließen« den Frühling, vierblättrige Kleeblätter bringen Glück, Vergißmeinnicht und Männertreu symbolisieren Abschied und Sehnsucht, rote Rosen bedeuten Liebe und Hochzeit, weiße Rosen Entsagung und Tod. Es gibt fast keine Pflanze oder Blume ohne irgendeine weitergehende Bedeutung oder Geschichte.

Spielereien, Kombinationen, Variationen

Nach dem kleinen Ausflug in die Welt der gepreßten Pflanzen im vorangegangenen Kapitel sieht man wieder einmal: Der Phantasie sind im Bereich der Natur keine Grenzen gesetzt.

Je mehr man sich mit der Thematik beschäftigt, desto mehr Ideen kommen, manchmal wird man förmlich überflutet – oft sollte ursprünglich etwas ganz anderes entstehen und während der Arbeit kommt man auf eine völlig neue, viel originellere Lösung. Und natürlich gibt es für einzelne Gestaltungen viele Varianten: So eignet sich Ohrschmuck auch als Brosche, Anstecker, Kettenanhänger oder umgekehrt. Oft kann man aus »Abfällen« etwas ganz Neues kreieren.

Eine solche Kreation ist der Ohranhänger aus der Schuppenhagebutte (2. Ohranhänger auf Seite 2). Für den Ohrclip und den Halsreif wurde nur das obere Drittel der Frucht benötigt, zwei Drittel sowie der Samen blieben übrig. So entstand ein schöner Ohranhänger aus Resten, der folgendermaßen herzustellen ist: Die Ränder der Fruchthälften werden mit Gardinenringen oder ähnlichem beklebt, durch den Samen und die beiden Hälften werden 1 mm starke Löcher gebohrt. Dann wird ein langer Kettelstift oder Silberdraht durch eine kleine Glasperle, eine Perlkappe, die obere Fruchthälfte sowie den Samen gezogen und dieser auf etwa halber Höhe festgeklebt. Nun wird die andere Hälfte aufgezogen und das unten heraustehende Draht- bzw. Stiftende wiederum durch eine Perle und Perlkappe gezogen, festgeklebt und das überschüssige Ende abgeschnitten.

Extravagante Schmuckstücke

Außer der Schuppenhagebutte zeigt die Abbildung auf Seite 2 folgende Ohranhänger (von links nach rechts):

Cholla-Finger mit Bernstein

Unter der Bezeichnung Cholla-Finger kommen hauptsächlich aus Mexiko bis zu einem Meter lange Kakteen-Gerippe zu uns, die vor allem als Dekorationsmaterial Verwendung finden. Bei den »Gerippen« handelt es sich um tote, verholzte Zellen, die als Festigungsgewebe dienen. Bernstein kennt jeder, weniger bekannt ist vielleicht, daß es ihn schon in der Eiszeit gab. Das versteinerte Harz stammt von Nadelhölzern aus der Tertiärzeit und wird noch heute an der Ostseeküste angespült. Mit der Trennscheibe wurde ein kleineres Stück des Cholla-Fingers abgesägt, geschliffen und mit einem unbearbeiteten Bernstein zu einem exklusiven Ohranhänger kombiniert.

Assegai

Die Spitze einer sehr langen, wunderschön hell- bis dunkelbraun gemusterten exotischen Schilfart wurde für den dritten Ohranhänger verwendet. Das Material ist sehr leicht und man braucht in das oben vorhandene Loch nur die entsprechende Verzierung mit dem Kettelstift einzukleben.

Panal

In ihrer Schönheit schon fast feierlich mutet die Frucht von *Glycosmis arbo-*

Cane Spiral, einmal anders.

Afzelia-Schoten und Artischockenherz.

rea an, besser gesagt, das trockene Kerngehäuse der fleischigen, ätherische Öle enthaltenden Beeren. *Glycosmis* ist ein immergrüner Unterholzstrauch oder Baum mit auffallend hellgrau-gelber Rinde, der in feuchten Gebieten und Mangrovenwäldern Vorder- und Hinterindiens, Sri Lankas, Malaysias und Australiens wächst. Bei den Eingeborenen ist er wegen der antiseptischen Wirkung seiner Blätter und Früchte geschätzt.

Dieses zarte Gebilde ist zwar etwas zerbrechlich, aber es soll ja nicht für die Ewigkeit geschaffen sein und gegebenenfalls kann man die beschädigte Frucht leicht durch eine neue ersetzen. Auffallen wird man bestimmt mit diesem Ohranhänger, der, wie *Nigella damascena* in der Abbildung Seite 100, mit einer durchbrochenen Metallperle verziert wurde.

Cane Spiral

Das Material besteht aus der Länge nach gespaltenem und spiralig gedrehtem Bambus (siehe auch die Schmuckstücke Seite 68).

Etwas Besonderes entsteht lediglich durch eine kleine Veränderung am Material: Einmal ziehen, und aus dem relativ »normalen«, konisch geformten Ohranhänger wird ein wirklich ausgefallenes Stück. Die Länge stört überhaupt nicht, da die Spirale sehr leicht und flexibel ist. – Der schwarz gesprenkelte Armreif wurde aus einem geraden, entsprechend zurechtgebogenen Stengel gefertigt (siehe Abb. links). Die weniger schöne Innenseite wurde plan geschliffen und mit zwei roten Satinbändern so beklebt, daß die Ränder etwas über den Stengel hinausstehen. Die Enden wurden in eine Perle mit entsprechend großem Loch geklebt (den Stengel muß man eventuell etwas schmaler schneiden).

Brosche und Halskette aus Afzelia-Schoten Artischocken-Brosche

Ungewöhnliche Schmuckstücke kann man aus kleineren oder größeren Afzelia-Schoten machen. Die beiden Fruchthälften werden zunächst auf der

Rückseite mit Leder beklebt (siehe Seite 22).

Die Halskette wird mit zwei Muttern und einem Bronzering verziert (vor dem Kleben alles gut schleifen) und die Enden der Kordel in halbierte Zugfedern geklebt. Die Brosche wird von einer gefrästen, hellen Linie umrandet; auf der Oberseite werden mit der Trennscheibe schmale Schlitze gesägt, in die Messingplättchen eingeklebt werden.

Für die dekorative Brosche in der Abbildung oben unten wurde ein Artischockenherz »zweckentfremdet«. Die Broschenplatine wird einfach auf den verholzten Boden geklebt.

Farbenfrohe Halskette mit Afzelia-Samen

Mit Kunststoffschnüren aus der Seilerei wurden Afzelia-Samen in der Abbildung auf Seite 110 »aufgemöbelt«. Und das geht so: In die gebohrten Samen werden bis etwa zur Mitte dünne Drahtstückchen geklebt. In die Kunststoffschnüre werden Knoten gemacht und mit dem Feuerzeug etwas angesengt, damit der Kunststoff ver-

Moderner Trachtenschmuck aus Afzelia-Samen.

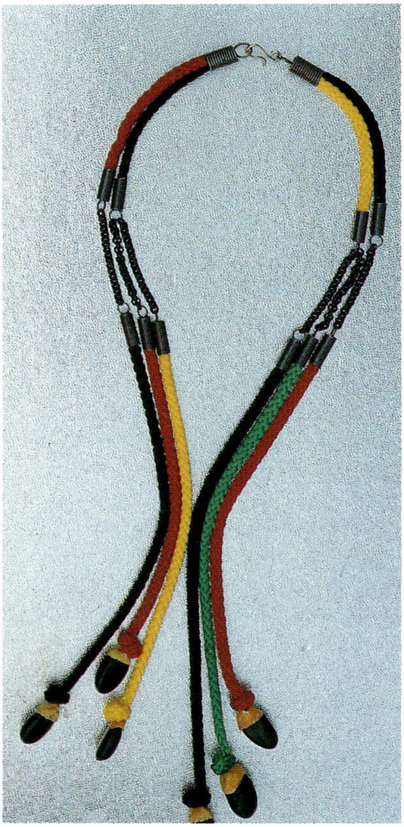

die Samen mit dem herausragenden Drahtende ein- bzw. der Knoten darauf festgeklebt. In der Mitte werden die Schnüre durch Nylonfaden zusammengehalten, der an beiden Enden mehrmals verknotet und in die zwei äußeren Kunststoffschnüre eingeschmolzen wird (Kunststoffschnur und Nylonfaden sehr vorsichtig ansengen, damit erstens die Schnur nicht schwarz wird und zweitens der Nylonfaden nicht abreißt!).

Die oberen Enden der Kunststoffschnüre werden in halbierte Zugfedern aus dem Eisenwarengeschäft geklebt – auch dazu werden die Enden wieder etwas angesengt und – solange sie noch weich sind – zusammengedrückt, so daß sie in die Zugfedern hineinpassen. Die Zugfedern werden dann mit schwarzen Kunststoffketten untereinander verbunden.

Ausgefallene Broschen

Die Stücke in der Abbildung rechts sind sämtlich aus Materialien entstanden, die normalerweise rein floristischen Zwecken dienen oder aus solchen, die sich schon in der »Abfallkiste« befanden.

Aus der großen Familie der Proteaceen stammt der skurrile Fruchtstand bzw. die für diesen Zweck beflämmte Fruchtkapsel von *Banksia grandis*. Die Formen dieser Fruchtstände sind allerdings sehr unterschiedlich und nur beschränkt für Schmuckzwecke geeignet. Bei der Brosche wurde auf der Rückseite ein relativ großes Stück abgesägt, geschliffen und auf die Platine geklebt.

Brachyciton ist die Frucht des »echten« Kapernstrauches *Capparis spinosa* var. *rupestris* (Flame tree, Bottle tree). Der Strauch wird je nach Heimatgebiet unterschiedlich groß, so zum Beispiel in Ostindien und im Pandschab bis zu 8 m, im Nordwesthimalaja, West-Tibet, Nordafrika bis zum

Broschen für jeden Geschmack: Fruchtkapsel von Banksia grandis, Brachyciton-Frucht, konsolenartiger Bananenstock, Trametes und Afzelia-Schoten.

Variationen in Braun: Dauschote, Xylia-Frucht, Holzrose, Samen des Bananenbaumes, Ricinus-Samen und Lagurus.

Mittelmeergebiet als Felsenstrauch nur 0,5 bis 1,5 m. Die Blätter sind rundlich und blaugrün bereift, die Blüten etwa fünf Zentimeter groß und weiß, mit vielen langen violetten Staubgefäßen. Das bekannte Kaperngewürz wird aus den runden bis vierkantigen Blütenknospen hergestellt. Die Frucht, deren Form Ähnlichkeit mit einem Schiffchen hat, kann bis zu zehn Zentimeter lang werden, ist außen dunkelbraun, innen hellbraun behaart und beherbergt etwa 15 zierliche Samen in einer dünnen, gelben Hülle.

Die Brachyciton-Frucht wurde hier tauchlackiert und nach dem Trocknen der Boden für die Platine der länglichen, schmalen Broschennadel plan

geschliffen. Die Früchte sind allerdings teilweise so stark gewölbt, daß dies nicht möglich ist, ohne durch die Fruchtwand zu stoßen. Deshalb sucht man sich von vorneherein Früchte mit möglichst geradem Boden aus. Einer leichten Wölbung kann man die Broschennadel anpassen, wenn man das Stück in einen Schraubstock spannt (Nadel aufmachen!). Manche der Samen fallen trotz Lack leicht heraus, deshalb klebt man sie zweckmäßigerweise nochmals fest.

Aus einem Bananenstock kann man entweder eine hübsche Brosche anfertigen, oder, wie hier, eine Haarklammer. Dazu wird ein Stückchen davon mit der Trennscheibe halbiert und auf die entsprechende Platine geklebt.

Die Banane stammt ursprünglich aus Indien und wurde erst im 15. Jahrhundert von den Portugiesen nach Amerika gebracht. Wegen ihres raschen Wachstums gilt sie als Geburts- und Lebenssymbol, und auf den Indonesischen Inseln existiert noch heute die Vorstellung, daß die ersten Menschen von den Früchten einer Bananenstaude abstammen.

Im Handel wird der Bananenstock mit den asymmetrisch angeordneten, kleinen »Konsolen« in etwa 30 cm langen Stücken, dünneren oder dickeren, teilweise dunkelbraun, angeboten; mit der Blumenschere lassen sie sich leicht in die gewünschte Form schneiden.

Die Pilzgattung *Trametes* (Baumschwamm) ist in der Floristik weithin bekannt, da er sich aufgrund seiner Stabilität und Witterungsbeständigkeit sehr gut verarbeiten läßt. Hier wurde ein kleines Stückchen des etwa 20 cm großen Pilzes abgeschnitten und – mit der Rückseite als Vorderseite – zu einer Brosche umfunktioniert. Dazu verwendet man eine etwas größere, ovale Brosche, die erstens das Schwammgewebe stützt und zweitens als zusätzlicher Blickpunkt durch den Spalt des Pilzes hindurchscheint.

Die vielseitigen Afzelia-Schoten wurden schon bei verschiedenen anderen Schmuckstücken vorgestellt. Die zwei auf Seite 111 abgebildeten Broschen wurden aus abgesägten und geschliffenen Afzelia-Stücken hergestellt. Die Linien auf der unteren Brosche wurden mit der schmalen Kante eines scheibenförmigen Schleifaufsatzes geschliffen.

Variationen in Braun

Halsreif mit Dauschote

Der in den Regenwäldern Afrikas beheimatete, bis zu 30 Meter hohe Kautschukbaum *Funtumia elastica* liefert hauptsächlich einen weißlichen Milchsaft, der zum sogenannten »Kickxia«-Kautschuk oder »Lagos-silk-rubber« verarbeitet wird. Die 15 bis 20 cm langen, propellerartig angeordneten Kapselfrüchte haben eine sehr harte Schale mit dunkelbrauner Außenseite und einer schönen, gelblichen Innenseite, die eine wabenähnliche Struktur hat.

Sowohl die Außen-, als auch die Innenseite dieser Schote ist gleichermaßen faszinierend, die meisten Schoten sind für Schmuckzwecke allerdings zu groß, so daß man eher kleinere Stücke davon verwenden wird. Sie lassen sich

Charivari, ein Trachtenschmuck, der in Bayern und Österreich auf dem Schürzen- oder Rockbund getragen wird, war hier das Vorbild. Beschreibung Seite 116.

mit der Minikreissäge leicht absägen; die Kanten werden geschliffen bzw. abgeschrägt.

Der Anhänger für den Halsreif auf Seite 112 links oben wurde aus zwei Enden der Schote versetzt zusammengeklebt, so daß Innen- und Außenseite zu sehen sind. Diese Verbindung sollte man zusätzlich mit einem Draht-Dübel versehen. Als Verzierung dienen fertige Silber-Glöckchen, die in die Öse eines eingeklebten Kettelstiftes eingehängt werden.

Auf den Anhänger des rechten Halsreifens, der aus einer Xylia-Fruchthälfte besteht, wurde die interessante Frucht von *Quercus robur* geklebt. Die Höcker auf dieser Frucht werden durch eine – vorwiegend in Südosteuropa vorkommende – Gallwespenart verursacht.

Der Ohranhänger links besteht aus dem Samen der Holzrose, einer unregelmäßig geformten Keramikscheibe sowie dem mittelgrauen, steinharten Samen des Bananenbaums *(Ensete ventricosum)*. Dieser – wenngleich in ganz anderer Form – wurde auch im rechten Ohranhänger verwendet. Der untere Teil, der wie ein Röckchen aus-

Auch zu Gürtelschnallen eignen sich einige Naturmaterialien.

Hut mit Eschenlaub, eine kurzlebige Dekoration.

sieht, ist ein Fundstück aus einem nicht identifizierten Material.

Die Materialien des Ohranhängers rechts unten wurden bereits vorgestellt: Die Färbung des meist braunweißen *Ricinus*-Samens ist hier gerade umgekehrt und ergibt zusammen mit dem schwarzen *Lagurus* eine reizvolle, elegante Kombination.

Charivari, einmal anders

Für diesen ungewöhnlichen Charivari (französisch »Durcheinander«) der in Bayern als Trachtenschmuck mit vielen Anhängern, meist aus Silber, anstelle eines Gürtels getragen wird, bieten sich natürlich Tausende von möglichen Materialien an. Hier wurden die folgenden verwendet (Abbildung Seite 114 von links nach rechts): Same des Sternanis, Kapsel des Sternanis mit Samen, Annona-Same, Brachyciton-Same usw.; Kastanie, zwei Pangra-Samen, dazwischen und rechts davon halbe *Hakea*-Früchte – wiederholt auf der anderen Seite in anderer Reihenfolge. Ein Charivari, der sicher nicht nur für Bayern tragbar ist.

Gürtel

Auch für Gürtelschnallen kann man einige Naturmaterialien verwenden, wenn auch nicht allzu viele, denn sie müssen – wenigstens für die fertigen Gürtelschließen bzw. Platinen – eine bestimmte Mindestgröße haben und dazu sehr stabil sein.

Das Zubehör für die Befestigung des Gürtels sowie der Schnalle gibt es fast in jedem Kaufhaus zu kaufen, ebenso Gürtel-Gummiband in den verschiedensten Farben. Die Bandenden werden durch die beiden Schließen gezogen und entweder festgenäht oder – einfacher und schöner – mit Textilkleber geklebt. Auf die Rückseite der Schnalle wird das Mittelteil festgeklebt, in dessen Haken die Schließen dann eingehängt werden. So kann man jederzeit die Schnalle wechseln und hat einen »neuen« Gürtel.

In der Abbildung Seite 115 wurde die bereits bekannte Annona sowie

Halsschmuck der Firma Ehinger-Schwarz zum Thema »gebrochene Natur«. **Silber, sulfidiert, Holz und Süßwasserperlen.**

Seite 118: Gepreßte Blüten und Blätter eröffnen unendliche Möglichkeiten für eine Broschen-»Galerie«.

eine Afzelia-Schote (kombiniert mit einem alten Ledergürtel) zu Gürtelschnallen verarbeitet. Der grüne Ledergürtel ist mit einer großen, besonders stabilen Jacaranda verziert. Die Schnalle des violetten Gürtels besteht aus einem ausgedienten Bilderrahmen, auf dessen Rückwand in Falten gelegte Kokosfaser sowie ein Stück des Gummibandes geklebt wurden.

Wie bereits erwähnt, muß das Naturmaterial für die Gürtelschnalle relativ groß sein, damit die Schließen nach dem Einhängen nicht über den Rand der Schnalle hinausragen.

Schmuckobjekte

Tragbar oder nicht, im Schmuckdesign ist heutzutage – fast – alles erlaubt, solange es optisch ansprechend und materialgerecht verarbeitet ist. Als Dekorationsstücke wurden die Beispiele auf Seite 106 und 116 gestaltet. Die Natur hat sogar unmittelbaren Einzug in die »heiligen« Gefilde der Goldschmiedekunst gehalten, wie das Foto oben zeigt.

Anleitung zum Bau einer Trockenpresse

Eine Trockenpresse sollte möglichst luftdurchlässig sein, statt Telefonbüchern oder Zeitungspapier ist daher schon wesentlich besser eine Presse, in der die Pflanzen jeweils zwischen Lagen von Wellpappe auf saugstarkes Papier (zum Beispiel holzhaltiges Abzugs- oder Kopierpapier) und zwischen starke Saugpappe gelegt werden. Also immer abwechselnd werden Wellpappe – Saugpappe – Abzugspapier – Pflanzen – Abzugspapier – Saugpappe – Wellpappe aufeinander gelegt. Diese Stapel kann man dann zum Beispiel zwischen zwei Spanplatten legen und mit flachen, starken und verstellbaren Riemen (Sportgeschäft) festziehen (nicht zu fest, sonst bekommen die Pflanzen keine Luft und werden leicht braun, aber auch nicht zu locker, sonst wellen sich die Blätter).

Die Trockenzeit ist natürlich je nach Dicke der Pflanzen unterschiedlich: Die zarten Mohnblüten-Blätter sind bereits nach etwa zwei Stunden trokken, Rotkohl-Blätter benötigen bis zu zehn Stunden Trockenzeit. Die Pflanzen sollten aber auch nicht zu lange getrocknet werden, sonst werden sie brüchig. Es empfiehlt sich daher, zwischendurch immer wieder nachzusehen, ob die Blätter schon fertig sind (und dabei die Presse umzudrehen). Die getrockneten Pflanzen müssen in einem kühlen und trockenen Raum gelagert werden, damit sie nicht wieder Luftfeuchtigkeit aufnehmen.

Diese Trockenpresse sollte nun möglichst in einen Warmluftschrank gestellt werden, den sich etwas erfahrene Bastler nach dem folgenden Prinzip selber bauen können:

Für den Schrank kann man Spanplatten oder ähnliches verwenden; die Größe soll so abgestimmt sein, daß die Trockenpresse genau hineinpaßt, die Luft also nicht seitlich an der Presse vorbeiströmt, sondern durch sie bzw. die Wellpappe hindurch. Eine mit Scharnieren befestigte Schwingklappe öffnet bzw. schließt sich je nach Höhe der Presse und sorgt so dafür, daß auch oberhalb der Presse keine Ventilationsluft ungenutzt ausströmt.

Beheizt wird der Warmluftschrank durch einen Tangential-Heizlüfter mit Lüfterwalze (kein Propeller!), der in das obere Drittel des Schrankes eingebaut wird. Eine entsprechende Aussparung ist in der oberen Spanplatte vorzusehen bzw. auszusägen.

Da die Heizung normalerweise zu heiß zum Trocknen von Pflanzen ist (ideal sind Temperaturen zwischen 30 und maximal 50 C, je nach Dicke der Blätter), regelt man die Heizleistung über eine zusätzlich eingebaute (funkentstörte) Thyristor-(Triac-)Steuerung mit mindestens 1000 Watt für Kästen mit Abmessungen von etwa 50 × 50 × 50 cm, mit 2000 Watt für entsprechend größere.

Die Triac-Steuerung soll nur die Heizwendeln regeln, das heißt, keinesfalls darf der ganze Heizlüfter an der Thyristor-Steuerung angeschlossen werden, da dann der Lüfter zu langsam liefe. Der Heizlüfter muß deshalb mit einem vierpoligen Kabel angeschlossen werden: 1 × Schutzleiter, 1 × gemeinsamer Nulleiter von Thyristor-Steuerung zu Heizung und Motor, 1 × vom Schalter über Steuerung an Heizung (Überlastschutz nicht überbrücken!),

In kürzester Zeit werden Pflanzen in einem Warmluftschrank getrocknet – optimale Voraussetzungen für die Erhaltung von Farbe und Konsistenz.

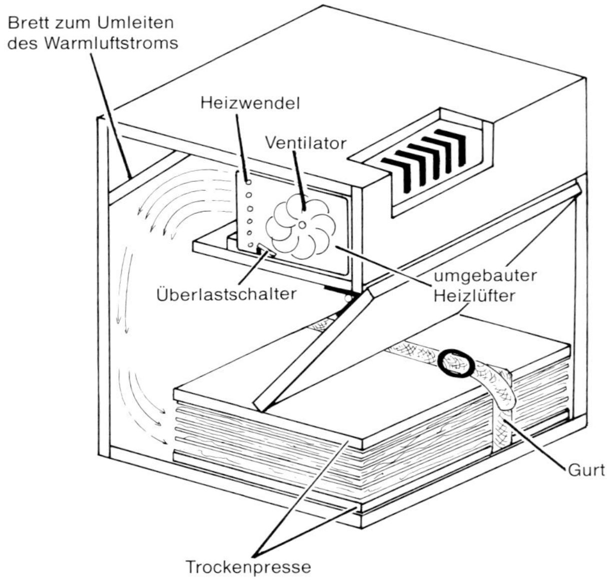

1 × vom Schalter an den Motor. Die Steuerung (Regelpotentiometer mit Skala), die Schalter für Lüfter und Heizung, eine Kontrollampe sowie ein Sicherungshalter für 6,3 A Schmelzsicherungen werden in ein Kunststoffgehäuse eingebaut und außerhalb des Schrankes befestigt. Zur Kontrolle der Temperatur wird neben dem Heizlüfter ein Bimetall-Thermometer eingebaut.

Verzeichnisse

Literaturverzeichnis

Bärtels, Andreas: Farbatlas der Tropenpflanzen. Verlag Eugen Ulmer, Stuttgart 1989.

Baumann, Hellmut: Die griechische Pflanzenwelt in Mythos, Kunst und Literatur. Hirmer Verlag, München 1982.

Blossfeldt, Karl: »Urformen der Kunst«. Harenberg Kommunikation, Dortmund 1982.

Dubin, Lois Sherr: Alle Perlen dieser Welt. DuMont, Köln 1988.

Elsenhans, Sigrid: Schmuck-Atelier. Design und Mode; Christophorus-Verlag, Freiburg 1989.

Glathe, Brita: Schmuck aus Draht und Perlen. Werkformen 3. Georg Kallmeyer Verlag, Wolfenbüttel 1968.

Heroin, Peter: Schmücken – ein Urtrieb aller Völker. Verlag Hans Schöner, 1985.

Höhler, Gertrud: Die Bäume des Lebens; Stuttgart 1985.

Hoffmann, Edith u. Treide, Barbara: Schmuck früher Kulturen und ferner Völker; Stuttgart 1976.

Hornung, Helena: »Bunte Ketten verspielt und heiter. Christophorus Verlag, Freiburg/Br. 1973.

Klein, Jürgen und Niemeier, Juliane: Exklusiver Modeschmuck aus dem eigenen Atelier. Falken-Verlag, Niedernhausen, 1988.

Klever, Karin und Ulrich: Exotischer Schmuck. Mosaik-Verlag, München 1977.

Knaurs Pflanzenreich in Farben, Höhere Pflanzen I u. II; Droemersche Verlagsanstalt, Zürich 1964.

Köhler, Angelika: Gestalten mit Glasperlen. Falken-Verlag, Niedernhausen 1982.

Kremnitz, Walter: Kalahari. Ambro-Lacus-Buch- und Bildverlag, Andechs-Frieding o.J.

Kuntzsch, Ingrid: Glanz und Zauber des Schmucks. Leipzig/Recklinghausen 1979.

Lagerwall, Inga: Silberschmieden – Kunsthandwerk und Hobby. Otto Maier Verlag, Ravensburg 1980.

Lammer, Jutta: Neuer Schmuck aus Silber und Perlen. Otto Maier Verlag Ravensburg 1971.

Leemans, Ton: »Knaurs Buch der Trokkenblumen«. Droemersche Verlagsanstalt München 1979.

Lenzinger, Elsy: »Wesen und Form des Schmuckes afrikanischer Völker. Zürich o.J.

Mercatante, v.Anthony: Der magische Garten. Pflanzen in Mythologie und Brauchtum . . . Ed. SV international, Schweizer Verlagshaus Zürich, 1980.

Morley, Brian D. und Everard, Barbara: Wildpflanzen der Welt. F.A.Herbig Verlagsbuchhandlung, München – Berlin, 1971.

Perry, Frances: Blumen der Welt. Lingen Verlag, Köln 1972.

Rohrer, Edwin: Trockenblumen, Fruchtstände, Zapfen, Koniferen, Zweige, Beeren, Früchte. Solothurn 1987.

Schauer, Th. und Caspari, C.: Der große BLV Pflanzenführer; BLV Verlagsges. München 1982.

Stüssi, Felix Urs: Schmuck – Material. Design, Herstellung. Ravensburger Buchverlag Otto Maier GmbH, Ravensburg 1988.

Wegener, Paul und Ursula: Florales

Gestalten mit Trockenblumen. Eugen Ulmer Verlag, Stuttgart 1981.
Winkler, Hansgeorg: Campa-Indianer. Führer z. gleichnamigen Ausstellung, herausgegeben vom Staatlichen Museum für Völkerkunde, München 1978.
Woenig, Franz: Die Pflanzen im Alten Ägypten. Verlag v. Wilh. Friedrich, Leipzig 1886.
Zerries, Otto: Unter Indianern Brasiliens – Sammlung Spix und Martius 1817 bis 1820. Pinguin Verlag, A-6021 Innsbruck 1980.

Zeitschriften

Zum Thema Schmuck

Ans Werk. Zeitschrift für gestalterisches und technisches Werken.
Art Aurea. Schmuck Mensch Objekte, Ebner Verlag, 7900 Ulm, Postfach 3060.
Kunst und Handwerk, 4000 Düsseldorf, Postfach 8120.
Ornament (englisch, 4 x im Jahr), Post Box 35029, Los Angeles California USA.
Crafts (englisch, 6 x im Jahr), 28 Haymarket, London SW 1Y 4SU England.

Zur Floristik

Blumen-Einzelhandel. Verlag Eugen Ulmer, Stuttgart.
florist. Fachorgan der deutschen Floristen; Appel-Druck Donau-Verlag GmbH, Augsburger Str. 82, 8870 Günzburg.
Der Gartenbau. Postfach, 4502 Solothurn, Schweiz. Darin Artikel-Serie »Trockenblumen des Floristen« von 1974 bis 1988.

Bezugsquellen

Werkzeug und Zubehör sind in den meisten Hobby- und Bastelabteilungen von Kaufhäusern und Gartencentern zu kaufen.
Die Autorin hat folgenden Firmen zu danken:
Charles Holden, Perlenmarkt. Nordendstr. 28, 8000 München 40
Uhlig GmbH, Laudert, Bel-Vetro-Broschen mit Glaseinsatz. Diese Broschen gibt es in zahlreichen Bastelabteilungen zu kaufen.

Pflanzenmaterial: im Blumenfachhandel, in Gartencentern und bei der Autorin. Preisliste bei Floral Art, Sigrid G. Paul, Lappacher Str. 3, 8031 Rottbach.

Bildquellen

Ehinger-Schwarz, Schmuck-Ideen-Gestaltung, Ulm und München: Seite 117.
Ingrid Hein, München: Seite 18, 51, 60, 65, 70, 76, 80, 84.

Alle übrigen Fotos von der Autorin.

Die Zeichnungen fertigte Erika von Czarnowski, München.

Pflanzenregister

(**fett** gedruckte Zahlen verweisen auf Abbildungen)

Sachregister

(**fett** gedruckte Zahlen verweisen auf Abbildungen)